RESPIRA, PLANEJA E NÃO PIRA!

Uma jornada para a melhor versão de uma MÃE.
Você não está sozinha!

DENISE HERZER

Copyright© 2024 by Literare Books International
Todos os direitos desta edição são reservados à Literare Books International.

Presidente:
Mauricio Sita

Vice-presidente:
Alessandra Ksenhuck

Chief Product Officer:
Julyana Rosa

Chief Sales Officer:
Claudia Pires

Diretora de projetos:
Gleide Santos

Capa:
Gabriell Uchima

Diagramação:
Alex Alves

Revisão:
Rodrigo Rainho

Impressão:
Gráfica Paym

Dados Internacionais de Catalogação na Publicação (CIP)
(eDOC BRASIL, Belo Horizonte/MG)

H582r Herzer, Denise.
  Respira, planeja e não pira! Uma jornada para a melhor versão de uma MÃE. Você não está sozinha! / Denise Herzer. – São Paulo, SP: Literare Books International, 2024.
  160 p. : il. ; 14 x 21 cm

  ISBN 978-65-5922-702-0

  1. Educação de crianças. 2. Mães e filhos. 3. Crianças – Formação. I. Título.
  CDD 649.1

Elaborado por Maurício Amormino Júnior – CRB6/2422

Literare Books International.
Alameda dos Guatás, 102 – Saúde– São Paulo, SP.
CEP 04053-040
Fone: +55 (0**11) 2659-0968
site: www.literarebooks.com.br
e-mail: literare@literarebooks.com.br

MISTO
Papel produzido a partir
de fontes responsáveis
FSC® C133282

Sumário

CAPÍTULO 1 | Uma nota para você que é mãe 7
CAPÍTULO 2 | A maternidade e seu caos 19
CAPÍTULO 3 | Seja seu parâmetro de comparação 25
CAPÍTULO 4 | O tal sexo frágil 35
CAPÍTULO 5 | Descobrindo seu propósito 51
CAPÍTULO 6 | Planejamento, transformando sonhos em realidade 67
CAPÍTULO 7 | Priorize-se.. 75
CAPÍTULO 8 | Planejamento semanal 87
CAPÍTULO 9 | Procrastinação.................................... 97
CAPÍTULO 10 | Aprenda a dizer não 107
CAPÍTULO 11 | Quanto tempo tem destinado para se cuidar?.. 115
CAPÍTULO 12 | Rede de apoio 123
CAPÍTULO 13 | Inteligência emocional 131
CAPÍTULO 14 | Tempo de qualidade........................... 145
CAPÍTULO 15 | Dizem que antes de morrer é preciso: plantar uma árvore, ter um filho e escrever um livro. Será? 151

À minha mãe, Tânia,
Que sorte a minha e das minhas irmãs de termos você como mãe, nos dando amor, educação, nos ensinando o caminho de Deus, a sermos perseverantes. Você não nos educou apenas com palavras, mas sim com o exemplo, que é a melhor maneira de se educar uma criança. Tenho tanto orgulho e admiração por você, minha mãezinha, e neste livro todos vão entender o motivo.

Aos meus avós, Flavio e Vani,
Fico emocionada só de pensar em vocês, um casal que transborda amor e cuidado. Mesmo que eu viva mil anos, não vou conseguir agradecer tudo que fizeram por mim, minhas irmãs e primas. As melhores memórias da minha infância foram proporcionadas por vocês, as viagens para o sítio, as idas à igreja, as comidas deliciosas que a vó preparava, as pescarias, brincadeiras na cachoeira, os passeios. A casa de vocês é meu lugar preferido no mundo, pois é lá que vocês estão.

Ao meu marido, Luciano Belache,
Eu tinha apenas 19 anos quando te conheci, mas eu já sabia que você era o amor da minha vida. Juntos realizamos sonhos, vivemos momentos mágicos, superamos dificuldades, fizemos viagens incríveis, e a melhor parte, tivemos nosso filho. Sinto orgulho da trajetória que trilhamos até aqui, mas é só o começo, ainda temos muitas coisas para vivenciarmos juntos.
Obrigada por sempre me incentivar, direcionar, pelo cuidado comigo e com nosso filho, você é nosso porto seguro, o melhor companheiro que eu poderia ter nessa vida, e como diz o Lorenzo "você é o melhor pai do mundo".

Ao meu amado filho, Lorenzo,
Você chegou e me fez olhar o mundo com mais leveza, enchendo minha vida de alegria com pequenos momentos, seja ao entregar um desenho ou uma cartinha cheia de amor, ao perder o ar dando gargalhada de alguma trolagem que fez, ao me explicar concentrado algo sobre algum jogo, quando depois da escola me conta em detalhes tudo que aconteceu no seu dia, ao me dar nota 10 pela comida que preparei, ao falar que sou a melhor mãe do mundo, o simples fato de você existir faz meu mundo mais feliz.
Filho, a mamãe tem muito orgulho do menino que você se tornou, respeitoso, carinhoso, inteligente, engraçado, parceiro da mamãe e do papai, você é uma criança incrível, minha maior preciosidade.

Às minhas irmãs, Maysa, Paula e Gabriella; e primas, Alyne e Tahyna,
Aconteça o que acontecer, sei que posso contar com vocês, e tenho certeza de que vocês sabem que podem contar comigo, um vínculo de parceria e muito amor. Vejo a trajetória de cada uma e sinto um orgulho imenso, pois sei que a vida nunca foi fácil pra gente e, mesmo assim, todas se tornaram mulheres incríveis.

À minha sogra, Olivia, e ao meu sogro, Leônidas (*in memoriam*),
Obrigada por cuidarem de mim como uma filha, sempre me apoiando, dando amor, e principalmente por serem esses avós especiais para o Lorenzo.

Aos meus cunhados, cunhadas, sobrinhos e sobrinhas,
Que sorte a minha Deus ter colocado tantas pessoas especiais no meu caminho.
Meus cunhados e cunhadas, que são verdadeiros irmãos de coração, sempre torcendo por mim, saibam que sempre estarei torcendo por todos vocês, e estarei aqui para tudo que precisarem.
Meus sobrinhos amados, saibam que podem contar com essa tia sempre, minha alegria é ver o Lorenzo crescer rodeado de tantos primos e primas que ele ama.
Minhas sobrinhas que ganhei com meu casamento, que se tornaram grandes amigas, sempre ao meu lado, obrigada por serem tão especiais.

Capítulo 1

UMA NOTA PARA VOCÊ QUE É MÃE...

"Acreditar que uma maternidade perfeita envolve dar conta de tudo é um erro que sobrecarrega e leva à exaustão de uma mãe."

DENISE HERZER

Ser mãe é coisa de gente grande. Mãe é quem fica quando todos se vão.
Nem sempre é fácil. Na verdade, muitas vezes é difícil.

Há dias em que dá vontade de sumir, de chorar, de dar um tempo. Existem momentos em que o nosso maior sonho é fazer uma refeição tranquila, lavar o cabelo, fazer o número 2 ou dormir 8 horas seguidas sem ninguém chamando ou precisando da sua ajuda.

Por muitas vezes achamos que não somos boas o suficiente. Mas acredite, somos, tenho certeza de que a maioria está se esforçando para fazer o seu melhor.

Nem sempre temos com quem contar e, infelizmente, muitos pais só constam no documento do filho.

O corpo muda, a vida muda, o humor muda, o relacionamento muda, e nem sempre estamos prontas para tantas mudanças, para tantos desafios que a maternidade traz, e aí vem a culpa.

Culpa que não é nossa, mas se leva um tempo para entender cada mudança. Gostaria de começar este livro dando um conselho: não se cobre tanto, entenda seus limites, saiba que podemos falhar, pois somos humanas, e não robôs. E que as coisas vão melhorar, e tudo vai voltar ao seu eixo normal, ou talvez surja um "novo normal" na sua vida, e você descubra que tudo pode ficar muito melhor, pois um filho nos faz eliminar coisas que já não fazem mais sentido, e as prioridades começam a ser outras.

Dado esse conselho, deixe eu me apresentar: sou Denise Herzer, mulher, mãe, esposa, trabalho fora, mas também sou dona de casa, gosto de ir para a academia, ter vida social, estar perto da minha família, estar entre amigos, levo uma vida muito agitada, e ao olhar ao redor vejo que a maioria das mulheres também vive uma rotina cheia, assim como eu.

Sempre soube que a maternidade vinha acompanhada de novas responsabilidades, mas quando me tornei mãe foi que realmente senti o peso e a mudança que isso causa na vida. Foi um choque de uma nova realidade, que traz muitas coisas maravilhosas, mas junto vêm muitos desafios.

Quando nasce um filho, começa uma transformação gigantesca em nossa vida profissional, física, mental e emocional, e a percepção do mundo começa a se tornar outra. Lidar com tudo isso não é nada fácil, muitas mulheres começam a desenvolver crises de ansiedade, depressão, frustração e tantos outros transtornos e comorbidades.

Um dos desafios é o momento de voltar a trabalhar, uma decisão nada fácil, pois são muitos questionamentos. Deixar o filho na escola? Ou com um parente? Talvez uma babá? Ou será melhor largar a vida profissional para ficar com ele?

O corpo nessa nova fase também traz suas inseguranças. O peito que já não é tão empinado, os quilos a mais, as estrias que ficaram depois do barrigão. É difícil se olhar no espelho e não se reconhecer.

Muitas exercem os afazeres domésticos, pois não têm condições de pagar uma ajudante. E vamos combinar que trabalho doméstico é ingrato, nunca tem fim. Louças sujas que se multiplicam na pia, lavar roupa, recolher, passar, guardar, ir ao mercado, preparar o jantar, varrer, limpar o banheiro, enfim, cansei só de escrever.

Fora isso, existem os impactos no relacionamento, pois muitas vezes o marido não entende esse processo e cobra que rapidamente, após o nascimento do filho, voltemos a ter a vida sexual de antes, o corpo de antes, a vida de antes. Infelizmente em muitos relacionamentos essa pessoa, que devia apoiar, acaba destruindo com o pouco de emocional que ainda havia restado. Quantas mulheres infelizmente passam por isso, não é mesmo?

Aí tem o filho, aquele ser todo frágil que precisa de cuidado integral. Ele chora de um lado, e a mãe muitas vezes chora sem saber o que fazer... Enfim, um lado da maternidade que muitas mães não falam, preferem guardar para elas, com medo de serem julgadas.

Encontraremos mães que trabalham em casa, outras que trabalham fora, muitas fora e em casa, algumas com uma rede de apoio maior, outras com uma rede menor, umas com um parceiro que dá o devido apoio, outras que se tornam mães solo. Teremos várias realidades dessas mães, mas todas com algo em comum: **trabalham muito**. Difícil nessa vida é encontrar uma mãe desocupada.

E eu não fugi disso, sempre trabalhei e estudei muito, mas depois que o meu filho chegou, tudo acentuou, tanto os questionamentos, medos, inseguranças, quanto a questão das demandas, que aumentaram de modo significativo, principalmente porque eu não tinha uma rede de apoio muito grande.

Eu, que sempre fui uma pessoa muito organizada, me vi perdendo um pouco do controle e comecei a ficar muito ansiosa ao perceber que não estava dando conta de tudo como gostaria, me sentia mal por não estar sorridente o tempo todo, por sentir que não estava tão "plena" como imaginei que estaria, afinal, ser mãe era meu maior sonho.

Descobri logo na primeira semana que, de todos os ofícios que já tive na vida, esse seria de longe o mais desafiador.

Então, assim como tantas outras mães, comecei a vivenciar um misto de emoções entre muito amor e muito estresse.

Eu entendia plenamente que ficar dessa maneira faria muito mal para mim, meu filho, meu relacionamento e família. Sabia da necessidade de organizar muitas coisas ao meu redor, na minha vida, e reorganizar minha rotina virou prioridade, pois muitas coisas mudaram e eu precisava repensar como seria dali para a frente.

O dia continuaria tendo 24 horas, e isso eu não tinha como mudar, mas como eu iria aproveitar esse tempo, entendi que era minha responsabilidade.

Sou especialista em Planejamento Estratégico e Desenvolvimento Humano, trabalho com organização e planejamento há muito tempo. Na minha vida profissional, sempre fui responsável por organizar projetos e a vida dos outros, mas quando virei mãe, percebi que a minha vida tinha saído um pouco dos trilhos e que era a hora de usar meu conhecimento para realinhar minha vida e rotina.

Contudo, algo importante que entendi e que vocês também precisam entender é que é maravilhoso, sim, ter a vida organizada, mas você não precisa dar conta de tudo o tempo todo, pois isso é bom para todo mundo, menos para você. Acreditar que uma maternidade perfeita envolve dar conta de tudo é um erro que sobrecarrega e leva à exaustão física e mental. A palavra da sua vida daqui para frente será **priori-**

dade. Guarde bem essa palavra, que vamos falar muito sobre isso no decorrer deste livro.

A maioria das pessoas com quem eu falo sobre gestão do tempo, planejamento, desenvolvimento pessoal e rotina em um primeiro momento fica assustada, pois olhando de longe realmente parece algo complexo e chato, mas não é, muito pelo contrário. Sabe o que é chato? Chato é chegar ao final do dia e não ter tempo de se sentar, fazer algo que gosta; é não poder fazer uma unha, é não conseguir sair para jantar com o marido, é estar no trabalho pensando nas coisas que precisa fazer em casa e, em casa, pensar no que precisa fazer no trabalho, é não ter tempo de cuidar da sua saúde física, mental e emocional. Isso, sim, é **muito chato** e causa danos gigantescos à sua vida.

Quando você começa a planejar e fazer a gestão do tempo, passa a determinar como será sua rotina, ou seja, define como será seu dia e, mesmo quando acontecem imprevistos, consegue remanejar muitas coisas, e esse tipo de situação passa a não impactar tão negativamente na sua vida.

Algumas das principais vantagens que planejamento e gestão do tempo podem trazer para sua vida:

- **Conseguir executar mais tarefas em menos tempo:** quando você cria um roteiro para o seu dia, não perde tempo executando trabalhos desnecessários;
- **Menos estresse e ansiedade:** quando você começa a executar suas tarefas no tempo desejado e consegue organizar seu dia, para de acumular tantas tarefas para o dia seguinte e, automaticamente, ficará menos estressada,

pois o fato de deixar coisas incompletas gera ansiedade e estresse.

- **Ter mais tempo para o lazer:** tempo para a família, para sair com as amigas, fazer um belo NADA em paz, praticar um esporte, ver um filme com o filho, tomar um banho com tranquilidade, namorar, enfim, fazer o que você tem prazer e o que gosta.

Nunca gostei da ideia de romantizar a vida da mulher que precisa se virar em mil para dar conta de tudo, mas sempre fiquei admirada vendo tantos exemplos de mulheres que fazem tudo acontecer, "arregaçam as mangas" e vão atrás do que é preciso para suprir a necessidade da sua família. Normalmente chamam essas mulheres de guerreiras, mas é bem provável que sejam guerreiras exaustas e sem tempo para si mesmas.

Algo muito comum é quando essas mulheres extremamente sobrecarregadas, que recebem o título de "guerreiras", um belo dia não aguentam mais e desabam, tendo seu "título" imediatamente alterado para "mulher surtada, que só reclama, estressada"... Enfim, o fato é que a rotina de muitas mulheres não é nada fácil.

Eu sei bem como é chegar ao final do dia frustrada por não ter conseguido dar conta das obrigações do trabalho ou por não ter conseguido tempo para dar uma atenção maior ao meu filho. Sei como dói colocar a cabeça no travesseiro pensando em como as coisas não estão da maneira que gostaria.

Conforme já citei, a minha vida acadêmica e a profissional baseiam-se em planejamento, organização, e, além de tudo, sou virginiana, preciso falar mais alguma coisa?

Sou a pessoa que ama uma planilha de controle, que ama organizar tudo, e acredito muito no poder da organização e planejamento para uma vida mais equilibrada, então comecei a agregar isso à minha vida pessoal e familiar.

Também sou uma apaixonada e eterna estudiosa do desenvolvimento humano. Acredito que o ser humano pode sempre evoluir, buscar o seu potencial ao máximo, e que algumas técnicas, somadas a mudanças de comportamento, podem facilitar a nossa rotina, trazendo mais qualidade de vida.

Em 2014, no ano em que meu filho nasceu, criei uma conta na rede social Instagram e lá comecei a compartilhar minha rotina, meus sentimentos, desafios, alegrias, frustrações e todo esse misto de emoções que a maternidade nos traz. Com o tempo, minha conta foi ganhando força, e milhares de mães começaram a fazer parte disso; já não era mais o Instagram da Denise Herzer, mas sim de todas as mães que se sentiam representadas por mim, e ele virou um canal de comunicação de milhares de mães e mulheres.

Quanto mais eu interagia, mais eu percebia que por trás de tanta força existia uma fragilidade enorme. Eram tantos desabafos, tantas reclamações, frustrações, que percebi que precisava fazer algo a mais por elas. Essas mulheres com uma rotina insana precisavam de ajuda, pois, na cabeça de muitas, tinham obrigação de dar conta de tudo e muitas vezes não gostavam de pedir ajuda, por medo de serem julgadas incapazes. E, quanto mais o tempo passava, pior ia ficando, pois o estresse ficava tão grande que elas não conseguiam mais se organizar, não sabiam nem por onde começar.

Com o passar do tempo, comecei a agregar ao conteúdo conceitos, comportamentos e ferramentas que poderiam ajudar essas mulheres a organizar seu dia a dia, já que eu sabia que organizar a rotina era um dos grandes desafios dessas mães com multitarefa.

Anos depois, entendi que meu propósito ia muito além da minha página e uma rede social, e foi assim que comecei a sentir a necessidade de mostrar essa "luz no fim do túnel" para tantas outras mulheres que não sabem por onde começar, para retomar as rédeas de suas vidas. Senti um desejo grande de pegar nas mãos de cada uma e mostrar o caminho.

Este livro foi a maneira que encontrei de fazer isso. É um novo filho, muito amado, que demorou mais de nove meses para nascer. Quero compartilhar com cada mãe que precisa se reconectar, quero que você pare com aquela sensação de "tenho tudo, mas não dou conta de nada como gostaria".

Então seja bem-vinda! Esse é o primeiro passo para uma transformação na sua vida, e você estar dando início a essa leitura significa que aceita esse desafio de se desenvolver e aprender.

Este livro visa apresentar de maneira prática, direta e didática como organizar as diversas tarefas do dia a dia, sendo elas profissionais, maternais e de desenvolvimento pessoal, sem a sensação de estafa ao final do dia.

Vou ajudar você a gerar uma transformação na sua vida, então lhe apresento três pilares fundamentais para que isso ocorra:

- **Mudança de hábitos:** entender quais hábitos impactam negativa e positivamente seu dia a dia.
- **Ferramentas:** aprender ferramentas adequadas para facilitar sua rotina e planejamento.

- **Autoconhecimento:** conhecer-se, para poder direcionar sua vida corretamente.

Com a mudança de hábitos, ferramentas certas e autoconhecimento você irá perceber que, mesmo com uma rotina cheia, é possível ter tempo para se cuidar, executar seus sonhos, ter tempo livre para a família, para fazer aquilo que gosta. Chega dessa sobrecarga mental que atinge você todos os dias, é hora de ter tempo de qualidade e, consequentemente, qualidade de vida.

Obs.: e para você que não é mãe, seja bem-vinda também; este livro vai acrescentar na vida de toda mulher que tenha uma rotina exaustiva e que busca equilíbrio.

Capítulo 2

A MATERNIDADE E SEU CAOS

"Mulheres são maravilhosamente complexas, o dia em que você achar que compreende uma alma feminina, desconfie do seu sexo."

A. CURY, em *O futuro da humanidade*

Posso afirmar com toda a certeza: ser mulher na atualidade não é uma missão nada fácil, porque resolvemos não abrir mão de nada.

Sim, ter tudo parece maravilhoso – e é –, mas junto com essa escolha vêm os desafios, que não são poucos, pois quando você decide ser mãe, esposa, profissional, manter seu ciclo de amigos, querer ter uma vida social, entre outras coisas que você faz, realmente parece que a conta não fecha, não é mesmo?

O que realmente deixa a maioria de nós inseguras é o fato de não conseguir desempenhar tantos papéis com a excelência que gostaríamos, e isso começa a acarretar estresse, que é a resposta física do nosso organismo a um estímulo. Por exemplo, quando sabemos que vamos passar por um momento estressante, como uma reunião importante no trabalho – ou seja, eventos esporádicos com grande emoção, que fazem o corpo reagir de alguma maneira, pois desencadeia o estresse.

Li, no site Virtude, um artigo que falava sobre estresse, explicando que o nosso corpo, ao se encontrar em uma situação estressora, libera uma mistura complexa de hormônios e substâncias químicas como adrenalina, cortisol e norepinefrina. Isso acontece para preparar o corpo para uma ação física como "lutar ou fugir", pois o corpo pensa que está em ataque.

O maior problema é quando o estresse começa a ser constante em nossa vida. São tantas coisas para resolver, que nossa mente cria uma batalha interna e se transforma em um verdadeiro caos. Sabe aquele dia que você chega em casa depois de um dia de trabalho e quer muito descansar, mas não pode porque lembra que precisa preparar o jantar? Enquanto isso, seu marido grita lá do banheiro: "Amorrrrr, esqueci a toalha, pode trazer pra mim?". Você já sai da cozinha gritando – e, por sorte do marido, você estava com um pano de prato nas mãos, e não uma faca afiada – e começa a falar: "Tudo nessa casa sou eu, não aguento mais, eu trabalhei o dia todo, já dei banho no nosso filho, estou preparando o jantar e você não é capaz nem de levar a toalha pro banho!" Chegando ao banheiro, se depara com o marido nu, olhando você com cara de assustado e pensando (porque não é louco de falar em voz alta): "Meu Deus, eu só pedi uma toalha, o que custa ela trazer pra mim, não entendo por que está tão estressada, será que está de TPM?" Enfim, o problema não é TPM (tensão pré-menstrual), ou pelo menos não só isso, e muito menos ter que levar uma toalha para o marido, que a esqueceu. A questão é a soma de uma rotina exaustiva, cansativa, e no final de tudo ver que ainda não conseguiu fazer tudo que precisava.

Sabe aquele dia que você acorda e percebe que os filhos estão com problemas, que o relacionamento mudou, o trabalho está cada vez mais estressante, já não consegue se divertir porque os problemas não saem da sua cabeça? Aí você começa a entrar em um processo de culpa e se sente a pior mulher do mundo.

Quero lhe dizer que você não está sozinha nesse barco; é só olhar para o lado que verá muitas mulheres na mesma situação, e, conforme já disse, muitas infelizmente acabam desencadeando alterações emocionais como irritabilidade, mudanças no humor e transtornos, como ansiedade e depressão. E se você sente que está indo em direção a esse caminho, chegou a hora de mudar algumas coisas.

Um dia ouvi a frase "nasce uma mãe, nasce um caos", pois, com a chegada do filho, a vida antiga fica para trás, e novos papéis começam a fazer parte dessa nova rotina. E, para muitas, essa fase da adaptação é difícil, já que acontece uma sobrecarga enorme, e até ela colocar tudo no "eixo" pode demorar algum tempo.

Já percebeu que o filho nem nasceu e já começam vários questionamentos e inseguranças?

"Será que vai ser menino ou menina?"

"Vou ter parto normal ou cesárea?"

"Será que vai dar tudo certo no dia?"

"Esse obstetra é realmente bom?"

"Estou engordando muito, será que vou voltar ao peso após a gestação?"

"Será que vou conseguir voltar ao mercado de trabalho depois que meu filho nascer?"

"Não sei se coloco meu filho na escola, deixo com a babá ou com algum parente ou largo o trabalho para ficar com ele?"

"Será que meu marido ainda me ama com o corpo todo diferente?"

"Vou conseguir cuidar de um bebê?"

"Será que vai ser difícil amamentar? E se eu não tiver leite?"

Enfim, eu poderia escrever um livro só listando alguns dos questionamentos que surgem com a maternidade, pois estamos falando de uma mulher explodindo de tantos hormônios, corpo passando por grandes transformações, na mente muitas inseguranças, e estou falando apenas de uma fase inicial da maternidade.

Você sabe o que torna a maternidade tão fascinante? É que junto com todo esse caos vem um combo de emoções positivas, de realizações, de muito amor, que faz tudo valer a pena, e, por isso, se você perguntar a uma mãe se ela passaria por tudo de volta para ter seu filho, a resposta da maioria seria SIM. Uma frase que define bem esse turbilhão de emoções que a maternidade traz é: "Ser mãe é pensar em um plano de fuga, mas no plano de fuga incluir os filhos, que eram o motivo da fuga".

Quando um filho chega, você não ganha de brinde na maternidade um manual de instruções para tocar sua vida dali para a frente, mas existem, sim, maneiras de facilitar essa jornada que se inicia e, neste livro, vou trazer alguns facilitadores.

Capítulo 3

SEJA SEU PARÂMETRO DE COMPARAÇÃO

"Só queira ser melhor do que a pessoa que você foi ontem, sua competição deve ser com você mesma, e nunca com alguém que não viveu os mesmos amores e dores que você."

DENISE HERZER

Já ouviu a frase "a grama do vizinho é mais verde"? Pois é, muitas vezes, nos sentimos frustradas porque comparamos nossa vida com a de outras pessoas, que aparentemente parecem ter a "vida ideal", mas nem sempre é o que parece.

Deixe-me falar da rotina de duas mulheres.

A primeira: *trimm trimm*, toca o despertador às 6 horas da manhã. Aquela mulher com a pele hidratada e cabelos sedosos pula da cama e vai meditar no seu quintal. Meia hora depois, entra em casa e vai tomar seu banho, enquanto sua ajudante que chegou há pouco tempo está preparando o café da manhã para sua família. Após o banho, ela se senta à mesa com seu marido e seus três filhos, e juntos saboreiam um delicioso café da manhã, digno de um hotel cinco estrelas.

O motorista leva seus filhos para a escola, enquanto ela e seu marido vão para o trabalho, eles têm uma empresa no ramo alimentício e trabalham juntos. Ela chega à sua empresa sorridente, mas com uma postura inigualável, que a faz ter o respeito de todos. Sua manhã é tomada por reuniões importantes, ligações decisivas, funcionários pedindo aprovações de grandes processos, e respondendo alguns *e-mails*.

Um pouco antes da hora do almoço, ela sai para poder ir até a academia, onde seu *personal* a está esperando. Ele ajuda essa mulher a manter as curvas do seu corpo, que tem um percentual baixíssimo de gordura. Após o treino, ela toma seu banho e vai encontrar com uma amiga para almoçar. Elas estão combinando uma viagem com suas famílias, querem ir para um hotel fazenda em Campos do Jordão no final de semana, então aproveitam o almoço para falar dos últimos detalhes da viagem.

Ao chegar em casa no final do dia, ela toma seu banho e vai ficar um pouco com seus filhos, que já estão cheirosos, de banho tomado. No meio das risadas entre uma brincadeira e outra, seu marido chega do trabalho, dá um beijo em cada um e vai tomar banho para em seguida jantarem juntos. A mesa já está posta, enquanto a babá ajuda as crianças a se servirem, ela e seu marido jantam e conversam sobre seu dia, sobre as crianças e dos planos de viajar no final de semana. Após o jantar, ela leva seus filhos para o quarto, conta uma história e os coloca para dormir. Já são dez horas e ela se deita para terminar de ler seu livro, que já está nas últimas páginas. Terminando, ela vai dar uma checada em suas redes sociais, *e-mails* e, enfim, dormir.

Agora deixe eu lhe falar da segunda mulher: *trimm trimm*, toca o despertador às 6 horas da manhã. Ela ativa a soneca para dormir mais 10 minutos, pois seu filho mais novo acordou três vezes nessa noite, ele está gripado, ou seja, não descansou quase nada. Dez minutos se passam, e o celular toca mais uma vez. Ela pula da cama descabelada, ainda sonolenta, e corre para o banheiro para tomar seu banho. Sai do banho e vai até a cozinha colocar a água para ferver para poder fazer o café, acorda seus filhos, ajuda o mais novo a se vestir, enquanto o mais velho vai se arrumando sozinho. Seu marido acorda e vai se arrumar. Ela esquenta na torradeira o pão amanhecido e prepara o achocolatado das crianças. Enquanto ela toma seu café, o seu marido chega à cozinha e termina de atender as crianças, enquanto ela corre para o quarto para se arrumar. Chegando ao quarto, ela prova algumas roupas, está naqueles dias, está se sentindo inchada. Começa a provar diversas roupas, mas acha que nenhuma ficou boa; já provou umas cinco opções diferentes e, quando seu marido começa a gritar para ela se apressar porque já estão atrasados, ela desiste de procurar e acaba colocando a primeira opção que provou.

Todos entram no carro e seguem para a via sacra de sempre. Primeiro deixam as crianças na escola, em seguida seu marido a deixa no trabalho e segue para o seu escritório. O dia na empresa tem sido bem cansativo, seu chefe novo não é muito amistoso, e é início do mês, quando tudo fica ainda mais estressante. Ela não queria estar ali, está em busca de outro trabalho, mas precisa, pois tem dois filhos para criar e as contas de casa, que não param de aumentar. Então, antes de entrar, ela respira fundo e entra na empresa sorrindo, mesmo que por dentro a vontade seja de chorar.

Na hora do seu almoço, ela vai caminhando até um *buffet* por quilo que fica próximo do escritório. No caminho de volta, liga para escola do seu filho para saber se ele está melhor, e, para a sua alegria, o menino passou bem a manhã.

Quando retorna do almoço, já tem uma pilha de documentos em cima da sua mesa esperando por ela, e sua caixa de e-mail já está com mais algumas demandas. É tanta coisa para resolver, que sua tarde passa rápido, e logo é hora de voltar para casa.

Ao chegar à sua casa, ela corre para preparar o jantar, enquanto seu marido vai arrumando a mesa e seus filhos tomam banho. Em seguida, a família se senta à mesa para saborear a refeição. Depois do jantar, as crianças brincam na sala, enquanto o casal conversa um pouquinho sobre as contas, o dia no trabalho, as crianças. Eles estão pensando em viajar no próximo feriado, no último não foi possível porque o carro estragou e o orçamento ficou apertado, então estão fazendo as contas para ver se dessa vez será possível. Logo a conversa é interrompida, pois as crianças começam a brigar por causa de um brinquedo, então o papai acalma os ânimos dos pequenos, e resolvem ir dormir, pois no dia seguinte acordam muito cedo. Juntos, eles colocam os filhos para dormir e vão para o quarto, onde, enfim, dormem abraçadinhos.

Sei que olhando de longe a vida dessas duas parece bem diferente, mas acredite: ao final do dia, quando ambas colocam a cabeça no travesseiro, as preocupações são as mesmas: família, trabalho, inseguranças, filhos, casa...

O corpo perfeito da primeira é fruto de muitos procedimentos estéticos, e a linda foto nas redes sociais muitas vezes é a soma de uma boa luz, câmera, Photoshop. A outra mulher pode se olhar no espelho e só enxergar defeitos, mas é linda também, e seu marido ama cada pedaço do seu corpo.

Trabalha muito, mas nem sempre é reconhecida por isso. Não tem uma vida social muito ativa e, quando pode sair, muitas vezes prefere ficar em casa vendo uma série, de "pernas para o ar", descansando, e ama isso. Apesar de ser vaidosa, nem sempre tem tempo ou dinheiro para ir ao salão, então dá o seu jeitinho em casa mesmo.

Tem problemas, mas também tem muito amor. Tem um marido que ela ama, e na maioria do tempo ela o quer bem pertinho, pois sabe que tem um grande companheiro ao seu lado. Ela tem uma família que não trocaria por nada. Tem coragem para enfrentar o mundo, mas tem dias que se sente tão frágil, que ela só quer ser cuidada.

Essa mulher existe em todo canto, é de carne, osso e muita alma. Alma que às vezes fica ferida e frustrada, pois se compara com aquela primeira mulher.

E, falando mais um pouco da primeira mulher, deixe-me contar uma coisa: ela tem uma estrutura financeira melhor, possui uma grande rede de apoio e vista de longe pode parecer ter a vida perfeita, mas pode acreditar, ela não tem, porque todos nós temos problemas, decepções, frustrações. No dia a dia, ela também tem discussão com o marido, tem carro que estraga, seus filhos também ficam doentes, ser empreendedora gera muita responsabilidade e estresse, e trabalhar com o marido gera atritos enormes. Tem dias que ela se sente frustrada, feia, sem ânimo para nada.

Sabe qual é a diferença? É que eu contei só a parte boa da vida dela, e é isso que o mundo e as pessoas muitas vezes mostram para você: **a parte boa**.

Então, para começar, quero lhe pedir uma coisa: **não se compare!** Você é única e especial do jeitinho que é. Só queira ser melhor do que a pessoa que você foi ontem, sua competição deve ser com você mesma, e nunca com alguém que não vive suas mesmas alegrias e dores. Nenhum corpo, família, relacionamento ou profissão é tão perfeito quanto o que se posta nas redes sociais ou quanto o que se fala em uma roda de conversa; ali só se apresenta a ponta do *iceberg*, o que eles querem que você saiba e acredite. Mesmo assim, muitas mulheres se iludem, caem na cilada de comparar sua vida com a de outras mulheres, começam a viver em busca de uma ilusão e por motivos óbvios acabam se frustrando, se sentindo inferior.

Não estou falando que devemos nos acomodar com o que temos, muito pelo contrário, acredito que todas nós temos potencial para conquistar tudo que desejamos; nos planejando, com muita dedicação e com um passo de cada vez, podemos, sim, ir muito além, mas nossas metas não podem ser baseadas em comparações. Não se compare com essas fotos de pessoas "perfeitas". Como já disse, por trás delas existe um bom filtro, uma boa luz, uma legenda com belas palavras. Poucas pessoas postam os momentos difíceis, as dores, o estresse; nas redes sociais, as gordurinhas são escondidas pelo Photoshop, e lágrimas não são bem-vindas.

Quantas vezes você viu em alguma rede social um casal que você olhava e pensava: "por que meu relacionamento não é assim?" Ela posta longas declarações de amor, buquê de rosas gigantes que recebeu, ele organiza viagem surpresa, compra joias, postam semanalmente jantares românticos, pedido de casamento, um verdadeiro conto de fadas. Eis que passa um tempo e os dois terminam, então começam as exposições do que realmente acontecia no relacionamento. Talvez aquele lindo buquê de rosas vermelhas que ela postou seja um pedido de perdão por uma traição ou por alguma outra coisa de ruim que ele fez para ela, e não apenas porque o seu namorado era um lindo rapaz apaixonado.

E aquela mulher com o corpo perfeito, que posta diariamente sua dieta e seus treinos, ah, e não podemos esquecer das publicidades dos chás e dos cremes milagrosos, que reduzem medidas em poucos dias – passa todos os dias dicas de como chegou a ter aquele corpo, e, se ela conseguiu, você também consegue. Então você se matricula na academia, começa uma dieta, compra o tal creme e chá que ela indicou, e seu corpo começa a apresentar mudanças, mas não como o corpo dela, a barriga talhada, com percentual de gordura baixíssimo. Você se compara e se frustra por não conseguir aquele corpo, mesmo se dedicando. Aí um dia você descobre que a musa *fitness* com quem tanto se comparava já havia realizado uma lipoaspiração no corpo todo, que ela faz drenagens semanais, entre outros procedimentos estéticos. Não tem problema ela fazer qualquer tipo de procedimento. O problema é ela não contar esse fato. E é isso que a maioria faz, não conta algumas coisas, ou seja, você se compara com algo que muitas vezes não é totalmente real.

Eu sei como é desafiador se desprender dessas comparações, é um desafio diário entender que nós não sabemos a verdadeira realidade do outro, então não faz sentido essa comparação. Pare de despender energia comparando sua jornada com a de qualquer outra pessoa, olhe para trás e se orgulhe de cada conquista, da menor até a maior realização, valorize cada momento bom e tudo que tem. Orgulhe-se de tudo o que você passou para chegar até aqui. Do celular melhor que conseguiu comprar, da carteira de motorista que tirou, de estar conseguindo ir certinho na academia, da educação que está dando para seus filhos, curta poder se sentar para jantar com sua família ou fazer uma viagem desejada. Vibre muito com a promoção no seu trabalho ou com o negócio que abriu, orgulhe-se de como vivencia seu relacionamento. Não importa se você comprou um móvel novo para sua sala ou se conseguiu comprar o imóvel que tanto sonhou, seja grata a cada passo dado.

Não queira viver a vida de outra pessoa, valorize a que você tem e corra atrás para conquistar os outros sonhos que ainda deseja realizar. Use o "outro" como inspiração, nunca como comparação. É hora de se dedicar em fazer o melhor que consegue, com as condições que você tem, focando apenas na sua caminhada e evolução.

Capítulo 4
O TAL SEXO FRÁGIL

"Não confundam a delicadeza de uma mulher com fragilidade."

DENISE HERZER

"Dizem que a mulher é o sexo frágil, mas que mentira absurda", já cantava Erasmo Carlos.
Tenho que concordar, essa é uma grande mentira que foi construída por uma sociedade extremamente preconceituosa com a mulher, em que colocaram o marido como o grande provedor, e a mulher, como ser "frágil", onde sua única função era: servir o marido, cuidar dos filhos e da casa.

Mas, com o tempo, as coisas mudaram, e as mulheres do século XXI trabalham fora ou em casa (ou em ambos), vão à academia, restaurantes, viajam, namoram, são casadas ou solteiras, estudam, são mães, são amigas, são profissionais em todas as áreas, realizam sonhos, ou seja, ganharam a liberdade de poder ser o que desejarem.

Fizeram-nos acreditar por muito tempo que a mulher deveria ser criada para ser dona de casa, mãe e esposa – e tudo bem a mulher ser dona de casa, cuidar do filho e do marido, mas deve ser escolha dela, e nunca ser colocado como algo sem valor, pois fazer tudo isso dá **muito trabalho** e é pouco valorizado. Sua vida social era extremamente restrita, o homem tinha domínio sobre ela, seus direitos eram mínimos, e exercer uma profissão estava fora de cogitação. Por muitos séculos não existiu a possibilidade de explorar qualquer outro potencial de uma mulher.

No entanto, dentro de muitas mulheres começou a despertar um desejo de querer mais, e elas foram atrás desse desejo, conquistando cada vez mais espaço. Uma luta exaustiva e diária, que ainda não foi vencida, pois o preconceito em pleno século XXI ainda existe – e muito. Toda essa transformação aconteceu por causa de mulheres que quebraram barreiras mundo afora e foram abrindo passagem para tantas outras que querem apenas ter o direito de viver em paz, sendo livres para ser quem desejarem ser e de poder escolher o que querem para sua vida, sem julgamentos, sem pressão, sem serem questionadas por suas decisões.

"Eu que faço parte da rotina de uma delas sei que a força está com elas", mais um pedaço da música eternizada pelo Erasmo Carlos, que trago junto com um questionamento: você reconhece essa força em si mesma? Ou continua acreditando que é frágil?

Quero contar a história de uma mulher nada frágil, que eu tive o prazer de conhecer de perto sua força. Ela que é um dos maiores exemplos que eu poderia ter na vida e que tenho o privilégio de chamar de mãe.

Em 1995, minha mãe e meu pai programaram uma viagem de férias comigo e minhas três irmãs. Morávamos no interior e ainda não conhecíamos o mar, então nos levar para a praia seria a realização de um sonho deles.

E, no dia 14 de fevereiro, acordamos de madrugada e seguimos viagem para o litoral de Santa Catarina. No caminho para a praia, havia ocorrido um desabamento, e para seguirmos a viagem, teríamos que fazer um desvio ou retornar e realizar a viagem outro dia. Mas estávamos todos tão empolgados que a segunda possibilidade foi descartada imediatamente.

Horas depois, chegamos à praia, e, antes mesmo de ir até a casa onde iríamos nos hospedar, meu pai parou na beira-mar e todos saímos do carro e fomos caminhando pela areia ao encontro daquela imensidão azul. Apesar de, na época, eu ter apenas 9 anos, consigo me lembrar de cada momento. Lembro da ansiedade na viagem e da alegria na chegada ao mar, em conhecer, escutar o barulho das ondas quebrando, uma jogando água na outra. Lembro da minha irmã mais velha provando a água para ver se era salgada mesmo, e de todos dando risada com a reação dela ao constatar que realmente era salgada. E ali, em frente ao mar, estava uma família feliz em estar junto, curtindo essas férias que se iniciavam. Depois disso, finalmente fomos para a casa onde ficaríamos hospedados e, lá, meus pais descarregaram o carro para podermos voltar à praia. E assim passamos o dia brincando, até que minha mãe nos chamou para irmos embora comer alguma coisa. Voltamos reclamando, pois não queríamos sair dali, então fomos, mas com a promessa de que mais tarde poderíamos voltar para brincar mais um pouco. Após comer, começamos a chamar meus pais para voltar à praia. Já era final do dia, mas, como toda criança, estávamos desesperadas para voltar a brincar. Era tudo novidade. Foi então que, mesmo cansados, eles resolveram fazer nossa vontade.

Chegando lá, a praia já estava vazia, e nós quatro nos sentamos na areia para brincar. Enquanto isso, meus pais entraram no mar. Eles estavam em uma parte mais rasa, a água batia na cintura, estavam bem próximos de nós, era possível avistá-los. Minha mãe ficava acenando para a gente, estavam "pulando ondas", aparentemente sem perigo nenhum, mas infelizmente o mar muitas vezes esconde grandes perigos. E, poucos minutos depois, aquela brincadeira acabou se tornando um grande pesadelo, pois um redemoinho se formou onde eles estavam, jogando cada um para um lado. Meu pai sabia nadar muito bem, já tinha inclusive trabalhado como bombeiro, mas infelizmente, naquele dia, algo aconteceu, e ele não conseguiu nadar. Minha mãe gritava desesperada pedindo a ajuda dele, e foi então que ele, em seu último esforço, respondeu: "Mãe, eu não consigo nadar!". E desapareceu naquela imensidão. Minha mãe não sabia nadar direito e a única coisa que conseguiu fazer naquele momento de desespero foi se lembrar dos ensinamentos do meu avô, de boiar caso algum dia começasse a se afogar, e foi o que ela fez.

E assim ela ficou por quase uma hora, boiando naquela imensidão, sem saber se sairia desse pesadelo com vida. E ela orou, pediu com toda sua fé para que Deus salvasse sua vida ou a de meu pai, para que suas quatro filhas, ainda tão pequenas, não ficassem sozinhas no mundo.

Eu estava na areia brincando, mas tive a percepção de que algo estava errado e comecei a gritar muito chamando meus pais. Foi então que alguns pescadores, ao escutar, correram em nossa direção para tentar ajudar. Depois de um tempo boiando, quase sem forças para continuar e já acreditando que o pior iria acontecer, minha mãe escutou uma voz que parecia estar longe e que falava: "Calma, estou indo até você!" Poucos segundos depois, escutou a voz novamente, que disse: "Me dá sua mão, que vou te tirar daqui!" E assim essa pessoa ajudou minha mãe a sair do mar. E, quando chegou à areia, em meio ao seu desespero, foi olhar quem a havia ajudado, mas não tinha ninguém. Ela olhou para todos os lados, e nada, apenas nos avistava lá longe. Até hoje não sabemos quem foi essa pessoa que a resgatou. Para quem crê em Deus, assim como eu, não tenho dúvidas de que foi Ele que respondeu à sua oração enviando um anjo para salvá-la.

Tantas coisas passam pela cabeça; só sei que a missão dela não se encerrava naquele momento. Quase que simultaneamente ao momento em que ela vinha em nossa direção, meu pai também saía do mar carregado por alguns pescadores. Se eu fechar os olhos, mesmo já se passando mais de 25 anos, ainda lembro com todos os detalhes aquela cena: algumas pessoas tentando reanimá-lo ali na praia, na nossa frente, minha mãe chegando ao nosso encontro, desesperada, sem saber se nos acalmava ou se tentava ajudar meu pai – uma cena que durou poucos minutos, mas para quem vivenciou, pareceu uma eternidade. E aquela praia, que estava vazia quando chegamos, em pouco tempo encheu de gente, uns ajudando e outros curiosos para saber o que estava acontecendo.

Infelizmente, para meu pai, seu ciclo aqui na Terra se encerrava naquele instante, mas o da minha mãe continuava, porém de uma maneira muito difícil e com a grande responsabilidade de criar as quatro filhas sozinha.

E, por ironia do destino, o mesmo dia que começou sendo um dos mais alegres das nossas vidas, também foi marcado como um dos dias mais tristes.

Meu avô, pai da minha mãe, que estava em Rio Negro, cidade onde morávamos, ao saber de tudo, partiu imediatamente para nos buscar. No meio da madrugada, seguíamos com meu avô de volta para casa e, na frente, o carro da funerária levando meu pai.

Meu avô conta que, na estrada, o carro da funerária sumia às vezes, mas quando em alguma curva o avistávamos, começávamos a chorar novamente e chamar por nosso pai.

E assim seguiu minha mãe com suas quatro crianças de volta à pequena cidade de Rio Negro, mas, a partir dali, ela estava sem seu parceiro, seguia sozinha para cuidar de nós. Ela tinha apenas 29 anos e lá estava com suas filhas: um bebê de 1 ano, outra com 6, eu com 9 e a mais velha com 10 anos. E, no momento de maior fragilidade da sua vida, ela não ganhou colo, pois precisou se tornar ainda mais forte para dar colo a essas quatro crianças.

Sua rotina era acordar muito cedo, deixar-nos arrumadas para ir à escola, depois ia de ônibus para o trabalho, onde ficava o dia todo. Chegava à sua casa quase ao anoitecer, e mal tinha tempo para descansar, pois tinha que cuidar de nós, preparar o jantar, arrumar a casa, lavar roupa etc.

Muitas pessoas acharam que ela não daria conta, porque a sociedade está programada para acreditar que não somos capazes, que precisamos de um homem para conseguir, mas olha só: ela deu conta, assim como tantas outras dão. Se foi fácil? Claro que não, muito pelo contrário, foi muito difícil, pois é extremamente doloroso não poder desabar, fraquejar, ter que ser pai e mãe, mas ela nunca se deixou abater.

Enquanto muita gente duvidou, questionou, ela "arregaçou as mangas" e foi à luta. Além de todas as dificuldades por que passou, ela ainda sofreu muito preconceito, pois as pessoas olham com inferioridade para uma mulher que cria seus filhos sozinha, como se isso fosse culpa delas. Tem noção de como isso é cruel? Ao invés de olharem com empatia e sentirem orgulho, dar apoio, muitas pessoas preferem apontar o dedo e criticar. Acredito que muitas mulheres que ficaram viúvas, separaram ou são mães solteiras vão entender o que minha mãe passou, pois provavelmente já passaram por alguma situação na qual foram julgadas por criarem seus filhos sozinhas.

Eu era muito pequena, mas lembro de uma vizinha que minha mãe sempre visitava para tomar chimarrão, e que eu ia junto brincar com a filha dela. Depois que meu pai faleceu, ela se afastou e proibiu a filha de brincar comigo. Minha mãe logo entendeu que era insegurança, porque agora minha mãe era sozinha, solteira, e, como a "amiga" tinha marido, na cabeça dessa pessoa, minha mãe representava um "risco" para ela.

Minha mãe, uma linda mulher de cabelos pretos e olhos azuis da cor do céu, da gargalhada alta e do coração maior que o mundo, sempre foi uma pessoa tranquila, nunca gostou de entrar em conflito. Já escutou a frase "prefiro ter paz do que ter razão"? Então, ela define minha mãe. E, ao entender a situação, simplesmente se afastou, sem questionar, sem brigar, seguiu seu caminho.

Esse foi um dos diversos episódios que ela teve que passar, mas tinha quatro filhas pequenas para criar e não tinha tempo para dar ouvidos a pessoas cheias de preconceito.

Apesar de ser firme para nos educar, ela transbordava amor, ensinava-nos a ser melhores sendo o maior exemplo que aquelas quatro crianças poderiam ter. Sempre foi vaidosa e, mesmo sem condições de frequentar salão, sempre estava impecável. Mesmo sem uma formação acadêmica, ela nos ensinou a importância de estudar. Mesmo sem perceber, ensinou-nos a ser perseverantes, a não desistir.

Sua rede de apoio foram meus avós maternos. Meu avô, que sempre foi um homem de muita fé, muito íntegro e extremamente amoroso, e minha avó, uma mulher que sempre cuidou de todos, que sempre tinha uma comida gostosa no fogão, uma pessoa com um coração puro, sempre disposta a amparar quem precisasse – e com suas netas não seria diferente. Foram esses dois que deram suporte para minha mãe:

enquanto ela trabalhava para nos sustentar, eles tentavam amenizar a nossa perda e nos fazer ter uma infância feliz.

Minha mãe enfrentou muitos desafios e dificuldades, mas sempre dava um jeito de resolver. Mesmo com o mundo desabando, nunca a vi desistir; mesmo em dias mais difíceis, tinha uma luz dentro dela que nos fazia acreditar em um recomeço, que tudo ia dar certo.

Essa autonomia e determinação dela eu vejo em muitas outras mulheres, que lutam por seus sonhos, por suas famílias, e que não desistem, que persistem e vão à luta, pois desistir para elas não é uma opção.

Sei que no mundo todo tivemos várias mulheres que fizeram a diferença – e tenho gratidão e orgulho de todas. Mas preciso destacar algumas das nossas revolucionárias brasileiras, que, mesmo vivendo em um período extremamente machista, não tiveram medo de ser linha de frente para nós.

Quero começar falando de uma maranhense, a Maria Firmina dos Reis (1822-1917), que foi uma importante abolicionista, professora e escritora. No ano de 1859, ela escreveu o livro *Úrsula*, que foi o primeiro romance escrito por uma mulher negra e brasileira. Tem noção da importância desse livro? Ele foi uma crítica à escravidão. Por meio da humanização dos personagens escravizados, ela deu voz a eles, colocando-os em igualdade aos brancos.

Ela criou, em Maçaricó, uma aula mista e gratuita para alunos que não podiam pagar, e conduzia as aulas em um barracão, em propriedade de um senhor de engenho. Lá, lecionava para as filhas dele, para os alunos que levava consigo e para os outros que se juntavam a eles. A acadêmica Norma Telles classificou a iniciativa de Maria Firmina como "um experimento ousado para a época". Essa atitude destemida dela, de criar algo diferente, vai ao encontro das lutas das feministas brasileiras do século XIX, que desejavam a igualdade de ensino para meninas. Ou seja, ela abriu portas para meninas estudarem em uma época em que pouquíssimas tinham a oportunidade.

Agora, falarei da paulista Bertha Lutz (1894-1976), uma bióloga e ativista feminista. Uma das suas principais lutas era pelo direito de a mulher poder votar. Ela fundou a Liga para a Emancipação Intelectual da Mulher, que era um grupo formado por mulheres de classe média e com alta escolaridade. Teve grande importância na fundação da Federação Brasileira pelo Progresso Feminino (FBPF).

O movimento sufragista brasileiro, que lutava pelo direito de as mulheres poderem votar, teve uma grande vitória em 24 de fevereiro de 1932, data em que o presidente Getúlio Vargas, por meio do Decreto nº 21.076, que instalou o novo Código Eleitoral, garantiu o direito de voto feminino no país. Se hoje temos esse direito ao voto, de opinar na decisão de quem vai nos representar nos cargos políticos, foi também graças a ela, que lutou por nossos direitos.

Minha sogra, que nasceu um ano depois dessa vitória, até hoje, mesmo estando com mais de 90 anos e já não sendo mais obrigada a votar, não abre mão e exerce com orgulho esse seu direito ao voto. Todo ano de eleição, ela se prepara e faz desse dia um evento: arruma seu cabelo, faz uma maquiagem, coloca uma roupa bonita, pega seu título de eleitor e vai toda orgulhosa exercer seu direito conquistado.

Foi pela minha sogra, foi por mim, por você, por nossas crianças, que a Bertha Lutz lutou; para hoje a mulher ter voz ativa para decidir quem vai comandar nossas cidades, estados e país. Nossa opinião importa e, hoje, tem voz.

Outra mulher que lutou com todas as forças para termos mais direitos na sociedade foi Laudelina de Campos Mello (1904-1991), mineira defensora dos direitos das mulheres e das empregadas domésticas. Foi ela quem criou o primeiro sindicato de trabalhadoras domésticas do nosso país.

Laudelina também trabalhou para a fundação da Frente Negra Brasileira, militando na maior associação da história do movimento negro. Essa associação teve grande importância e chegou a ter 30 mil filiados ao longo da década de 1930.

Em 1961, obteve o apoio do Sindicato da Construção Civil de Campinas para fundar, em suas dependências, a associação de empregadas domésticas. A Associação Profissional Beneficente das Empregadas Domésticas esteve em diversas frentes e lutas, em especial contra o preconceito racial. Mais de mil e duzentas empregadas domésticas estiveram no ato da inauguração da associação, em 18 de maio de 1961. Eram mulheres acreditando que aquilo poderia trazer a elas um pouco mais de dignidade e respeito no seu trabalho.

Ela foi uma grande representante na luta dessa classe, que sempre sofreu muito preconceito, pois se agora, atualmente, mulheres, principalmente as negras, ainda sofrem tanto, imagine como era naquele tempo, onde eram tratadas sem o menor respeito.

Essas são algumas mulheres que nos provam que o tal "sexo frágil", como querem tanto nos rotular, não combina nem um pouco com a realidade.

Existe uma famosa frase do poeta Jean Cocteau que diz: "Não sabendo que era impossível, ele foi lá e fez". Quando falamos das mulheres, podemos adaptar essa frase para: "Mesmo muita gente falando que para nós era impossível, que uma mulher não poderia, que ela não deveria, que não tinha capacidade, ela foi lá e fez".

Foram tantos séculos escutando:

"Você não PODE porque é mulher."

"Você não DEVE porque é mulher."

"Você não VAI porque é mulher."

"Você não CONSEGUIRÁ porque é mulher."

Enfim, foram tantos VOCÊ NÃO porque é MULHER, que um dia algumas abençoadas como as que citei pararam e pensaram: "Acho que eu consigo fazer isso que esse homem está fazendo". E, mesmo sendo mulher, deram o primeiro passo, e olha só: elas conseguiram!

Essas corajosas começaram a despertar em tantas outras essa "pulguinha atrás da orelha", de:

EU POSSO, mesmo sendo mulher.

EU POSSO, mesmo usando salto.

EU POSSO, mesmo tendo filhos.

EU POSSO, mesmo chegando à minha casa muitas vezes cansada.

EU POSSO.

E, com passos lentos, conquistas foram acontecendo:

- 1827 – Ano em que foi permitido que as mulheres pudessem estudar além das escolas primárias;

- 1879 – Mais de 50 anos depois que as mulheres foram autorizadas a estudar além das escolas primárias, finalmente, tiveram direito ao ensino superior;

- 1962 – Criado o estatuto da mulher casada. Foi permitido que as mulheres casadas não precisassem mais da autorização do marido para trabalhar e passassem a ter direito à herança e à possibilidade de pedir a guarda dos filhos caso ocorresse a separação;

- 1977 – Foi aprovada a Lei do Divórcio, que se tornou uma opção legal;

- 1985 – Foi criada a Delegacia de Atendimento Especializado à Mulher (DEAM). A primeira foi criada em São Paulo;

- 2002 – O Código Civil brasileiro extinguiu o artigo que colocava a "falta de virgindade" como motivo para que ocorresse a anulação do casamento;

- 2006 – Foi criada a Lei Maria da Penha, para proteger as mulheres da violência doméstica;

- 2018 – A Constituição Federal reconheceu por meio da Lei nº 13.104 que o feminicídio é um crime de homicídio.

Para que tivéssemos direito a estudar e separar, por exemplo, foram necessários anos de luta de muitas mulheres, dizendo EU POSSO mudar isso.

E é esse EU POSSO que eu não quero que seja silenciado dentro de você, seja lá o que você almeja para sua vida, afinal, cada ser é tão diferente, com sonhos e expectativas tão particulares, tão únicas.

Tem mulher que deseja ter três filhos, outras não querem ser mãe. Há mulheres que querem ser donas de casa, outras executivas, umas bailarinas, outras lutadoras, algumas almejam um corpo malhado, outras não estão nem aí se têm uma gordurinha a mais, umas querem viajar o mundo, outras viver na paz do interior.

Não importa o que você quer, se lhe faz bem, se lhe dá alegria, se é seu sonho, a partir de agora quero reafirmar que **você pode** e **deve** fazer o que tanto deseja para sua vida.

Chega de ter medo do que vão pensar, do que vão falar. Muita gente vai criticar você de qualquer maneira, vão dizer que não é capaz, que não vai dar certo. Então o que realmente tem importância é sua vontade, o seu desejo, não deixe ninguém dizer que você não é capaz ou não pode.

Capítulo 5

DESCOBRINDO SEU PROPÓSITO

"Ter um propósito lhe dará força para aguentar o processo."

DENISE HERZER

Nunca se falou tanto em propósito, e você pode estar se perguntando: "Mas eu preciso mesmo ter um propósito?" A resposta é NÃO. Você não precisa ter um propósito e nem vai morrer por não ter um, porém, quando você é movido por um, a tendência é viver com mais intensidade, com mais felicidade, existe uma predisposição de querer fazer, realizar. Ter um propósito lhe dará força para aguentar o processo.

Você conhece a história de *Alice no País das Maravilhas*? Por trás dessa famosa obra para crianças, existem muitas mensagens importantes para a vida adulta. Uma delas está no célebre diálogo entre o Gato Cheshire e Alice:

Alice perguntou: "Gato Cheshire... Pode me dizer qual o caminho que eu devo tomar?"
"Isso depende muito do lugar para onde você quer ir", disse o Gato.
"Eu não sei para onde ir", disse Alice.
"Se você não sabe para onde ir, qualquer caminho serve."
(*Alice no País das Maravilhas*)

Lewis Carrol

Quando você caminha sem rumo, acaba aceitando o que vai acontecendo na sua vida, vai deixando as pessoas decidirem seu destino, acaba se acomodando com o que a vida vai lhe dando e muitas vezes acaba frustrada, pois falta algo que nem você mesma sabe o que é.

Eu li o livro *Por que fazemos o que fazemos*, de Mario Sergio Cortella – e aconselho que todos leiam. Nele o autor escreve muito sobre propósito de vida. Parece algo tão óbvio saber o que queremos, o que esperamos da vida, mas a realidade é bem diferente. Conheço muitas pessoas lindas, bem-sucedidas financeiramente, com muitos amigos, filhos, um bom relacionamento, mas que ainda não conseguiram achar o seu propósito nessa vida. Têm aparentemente tudo, mas ainda assim convivem com um certo vazio. Na página 12 do seu livro, o autor diz que "uma vida com propósito é aquela em que eu entenda as razões pelas quais faço o que faço e pelas quais claramente deixo de fazer o que não faço".

A virada de chave na vida acontece no momento em que você começa a entender o que quer, e, quando isso acontece, tudo fica mais claro, aí fica possível planejar com mais clareza e focar ainda mais nos seus objetivos, e as chances de os alcançar aumentam significativamente.

Perdemos muito tempo agindo por obrigação de agradar outras pessoas, fazendo o que esperam de nós, sofrendo pelo que vão pensar ou falar a nosso respeito. Mas quando encontramos de verdade o propósito das nossas vidas – e podemos ter vários –, deixamos de dar importância ao externo e começamos a focar no nosso interior, no que nos faz bem, no que nos traz paz, e a opinião alheia passa a não gerar tanto impacto.

Eu falo de ter um propósito pelo simples fato de você muitas vezes estar se dedicando a algo que nem faz sentido para si mesma. Quem sabe esteja em um emprego que não lhe traz alegria ou cursando uma faculdade porque está pensando que será uma profissão rentável, mas aquilo não lhe dá emoção ao se imaginar seguindo aquela carreira pelo resto da sua vida. Ou está se matando em uma dieta que deixa você triste para ficar com um corpo "perfeito", para quê? Para se encaixar em padrões? Ou será que está em um relacionamento que não a completa? Está dedicando seu tempo e sua vida para alguém que não se esforça em retribuir seu carinho e dedicação?

Um dia, uma amiga minha disse que não estava feliz no relacionamento, que o marido dela não a apoiava, era extremamente grosseiro, que estavam brigando muito e, no meio da conversa, questionei:

"Por que você continua com ele?"

"É que já estamos há nove anos juntos."

"E pra você tudo bem continuar mais nove anos ou mais nesse relacionamento?"

"Mas temos nosso filho, você acha que devo terminar?"

Ela me perguntou como se eu devesse dar essa resposta. Talvez lá no fundo ela já achasse que deveria encerrar esse relacionamento, mas muitas vezes dar um fim, mesmo que seja em algo que já não nos faz bem, é muito difícil, ficamos nos agarrando em um passado bom que já não existe mais.

Encerrei a conversa dizendo:

"Você que vive esse relacionamento, só você que pode falar se deve ou não terminar. O que eu acho sobre qualquer relacionamento é que no final do dia, quando você coloca a cabeça no travesseiro, precisa ter mais coisas positivas dessa relação do que negativas. E que se com frequência você tem dormido com mais coisas negativas, é hora de começar a repensar."

Óbvio que ela não estava feliz, mas ali existia uma certa zona de conforto. Ela estava com o marido dela, com o filho, tinham sua casa e, para a sociedade, esse ainda é o retrato de felicidade. Como ela abriria mão disso? Não dá para julgar, pois realmente não é nada fácil começar de novo, mudar completamente o rumo da vida. Imaginar sair desse relacionamento gerou um medo e uma insegurança tão grandes, que ela preferiu continuar em uma relação infeliz.

Mas, três anos depois, ela encerrou esse ciclo na vida dela. Esse foi o tempo que ela precisou para se fortalecer e mudar seu propósito de vida, que não era mais viver para mostrar para a sociedade um relacionamento feliz, mas que passou a ser de fato a sua real felicidade.

Lembro que o ex dela, durante as brigas e ameaças de separação, sempre falava que ela já estava velha, colocava defeitos em seu corpo, dizia que se eles se separassem, ela morreria sozinha.

E sabe o que aconteceu? Ela encontrou um homem bacana, que cuida dela, que trata bem o filho dela, que, principalmente, a respeita e a faz feliz.

Quando você faz algo que a faz se sentir bem, seja na vida profissional ou pessoal, algo que tem um propósito, que faz realmente sentido, que lhe dá forças para sair cedo da sua cama, até os momentos de sacrifícios ficam mais leves, pois sabemos o resultado que vamos alcançar, e o quanto isso vale a pena.

Existem vários alpinistas querendo escalar o monte Everest. Esse monte tem 8.848 metros de altitude, e é preciso passar pelo menos três anos se dedicando a uma preparação para tentar subir o monte mais alto do mundo. É preciso muito esforço para aprender cada técnica, pois a escalada exige muito da pessoa, tem grandes riscos. A temperatura baixa é outro grande desafio, mas quem deseja fazer essa escalada faz tudo o que precisa para realizar esse feito. Além disso, tem toda a questão financeira, pois é necessário desembolsar, aproximadamente, US$ 11 mil (dólares). E, se a pessoa conseguir finalizar a escalada, vai ser presenteada com temperaturas que podem chegar a -60º Celsius, com ventos de até 200 m/s, o suficiente para causar hipotermia em alguns alpinistas, mesmo com toda a experiência que eles têm – essa pode ser uma escalada para a morte. Se esse alpinista se sentar e conversar com uma pessoa que ama uma praia e calor, cuja única coisa de que gosta bem gelada é uma boa cerveja, ele pode ficar horas ali falando de como é legal, de como essa experiência é transformadora, da emoção única que sente ao escalar, de como é se desafiar, superar seus medos... Ele pode falar durante horas sobre isso, gesticulando e cheio de emoção, mas o outro provavelmente estará ali olhando para ele com aquela cara de "esse cara é louco, não acredito que alguém em sã consciência faz isso, não tem sentido". Essa pessoa descobriu o seu propósito de vida e, mesmo que a maioria das pessoas no mundo não compreenda esse desejo, ele não se importa, porque aquilo o completa, faz sentido para ele. Então, a sua ou a minha opinião não vai fazer esse alpinista desistir do seu sonho.

Há pessoas que passam uma vida realizando trabalhos voluntários, que vivem em prol do próximo, sem ganhar nada de dinheiro em troca, porque seu propósito de vida é esse. Estou dando esse exemplo porque muitas pessoas acreditam que ter um propósito está relacionado a ganhar dinheiro, quando na verdade dinheiro não é propósito de ninguém. Ele pode ser consequência de um propósito que você tem.

Com 17 anos, fui embora da minha cidade natal, em Rio Negro, no interior do Paraná, para morar em Curitiba, capital do Estado. Eu era uma menina sonhadora, queria mais do que aquela cidade poderia oferecer. Eu sabia que, lá no interior, seria muito difícil prosperar, pois além de a minha mãe não ter condições financeiras, havia pouquíssimas oportunidades de trabalho.

Saí de lá com um propósito de vida, que era cursar uma universidade, pois eu vislumbrava um futuro melhor após ter um curso superior, sempre acreditei no poder do estudo para transformar a vida. E, mesmo sendo preciso tomar uma das decisões mais difíceis da minha vida, que era ir para uma cidade longe da minha família, criei coragem e fui em frente. Entrei em um ônibus sozinha, com poucas coisas na mala, e segui viagem, pois, mesmo com tanta insegurança e com lágrimas rolando no rosto, eu sabia que precisava ir.

Mesmo tão nova eu tinha total consciência de que iria passar por algumas dificuldades, pois a partir daquele momento eu estaria sozinha, longe da minha mãe, da família, precisando trabalhar para poder me manter e sem fazer ideia de como eu poderia pagar um curso superior, pois o que eu ganhava mal dava para pagar minhas contas. Mas eu acreditava que na cidade de Curitiba teria mais oportunidades e que mais cedo ou mais tarde eu conseguiria. Então, mesmo o preço sendo alto para alcançar meu objetivo, eu estava disposta a pagar, pois tinha a certeza de que o resultado iria me gerar uma satisfação que faria tudo valer a pena.

E, como previsto, a realidade foi bem dolorida. Em meu primeiro trabalho eu não ganhava nem R$ 400,00. Morei com minha irmã mais velha e meu cunhado por alguns meses – eles me acolheram nesse início, dando-me muito apoio para continuar.

Depois disso, uma amiga e eu conseguimos alugar uma casa para morar. Ela passava por uma situação bem parecida com a minha: sua família morava no interior, e ela estava sozinha.

Nós nos conhecemos na época da escola, quando nossos pais moravam em Curitiba. Foi depois disso que eles foram embora. Eu fui junto com minha mãe, fiquei um ano no interior antes de tomar a decisão de voltar sozinha para Curitiba, mas ela tinha ficado aqui morando com seus avós.

E assim nós duas começamos nossa jornada rumo à vida adulta. Contas para pagar, trabalhar, morar longe da família, fazer nossa própria comida. O que nos mantinha firmes eram os sonhos que vieram juntos na nossa bagagem, que, até então, estavam longe de se realizarem.

Quando traçamos uma meta tangível para alcançar, por trás dela vai ter o mais importante, que é o que vai significar para você realizar esse sonho. Eu, por exemplo, queria aquele diploma porque seria uma grande realização pessoal: seria a primeira pessoa da família a ter um curso superior, conquistaria uma vida financeira melhor para poder viajar, ter minhas coisas, ajudar minha família, ter mais autonomia na vida. Não é só o fato de "ter", é o fato de sentir, ter emoção, e é isso que torna a vontade de realizar uma meta/sonho tão especial e lhe dá força para suportar a jornada, mesmo não sendo fácil.

Por diversas vezes voltei chorando no ônibus lotado, depois de um dia cansativo de trabalho, pensei em desistir várias vezes, voltar para perto da minha família, onde eu não precisava me preocupar em pagar aluguel, com o que ia comer à noite ou em ficar horas em um ônibus lotado para ir e voltar do trabalho. Mas quando temos claro dentro de nós uma meta, você desaba, chora, depois respira fundo e continua.

Lembro de um dia em que saí muito tarde do trabalho, que ficava em uma BR, em um lugar bem isolado e perigoso. Fiquei no meio da BR esperando o ônibus e morrendo de medo de ser assaltada ou de que algo pior acontecesse. Nessa tensão, acabei entrando em um ônibus errado, e em vez de ir para casa, o ônibus foi para uma cidade da região metropolitana. Eu, exausta, com medo, querendo ser forte, meu celular sem bateria para poder pedir ajuda, e as lágrimas começaram a rolar sem que eu tivesse controle. Fiquei me sentindo a pessoa mais solitária e infeliz do mundo. Quando cheguei à minha casa já era quase meia-noite. Lembro da minha amiga desesperada porque não conseguia falar comigo. Tomei banho, comi algo e fui dormir chorando, pensando em voltar para a casa da minha mãe.

Mas, como dizem, uma boa noite de sono faz milagre. No outro dia, quando o despertador tocou pulei da cama, tomei meu café e fui trabalhar, pois eu almejava uma vida melhor, e só conseguiria se fosse atrás. Assim como a maioria das pessoas, nada caiu no meu colo por acaso, tudo sempre foi resultado de muito esforço, e, como diz o ditado popular "eu nasci guerreira, e não herdeira", só me restava respirar fundo e seguir em frente.

Comecei a ir atrás de outras oportunidades, e, quando uma colega de trabalho foi contratada pela Pontifícia Universidade Católica do Paraná, que é uma das maiores universidades do Paraná, mandei um currículo para ela entregar na área de recursos humanos da empresa.

Na mesma semana, ligaram agendando uma entrevista. Lembro que me avisaram que um dos testes seria no Excel, mas na época eu não tinha muita noção de como usá-lo. Foi então que lembrei que meu cunhado sabia e liguei para ele pedindo ajuda. Passei o final de semana lá na casa dele e da minha irmã, fazendo um curso *express* com ele para aprender o que desse e, assim, poder fazer a entrevista.

Na segunda-feira, eu fui lá fazer os testes. Passei o dia todo fazendo entrevista, teste de Excel, redação, entrevista em grupo, uma verdadeira maratona. Saí de lá achando que fui bem, mas também pensando que outros tinham ido melhor, e a insegurança bateu.

Dois dias se passaram, e nada de o telefone tocar. Até que no terceiro dia minha amiga me ligou pela manhã e me avisou que a vaga havia sido preenchida. Foi um balde de água fria, pois queria muito aquela oportunidade de emprego. Mais tarde saí para almoçar. Foi quando o telefone tocou, e nem acreditei quando vi que era do RH da PUC, informando que realmente a vaga que eu tinha participado da seleção tinha sido preenchida, mas que eles acharam que eu me enquadraria em uma vaga melhor. Foi um dia muito feliz, foi nesse dia que eu finalmente senti que estava muito perto de conseguir realizar meu sonho de cursar uma graduação.

Poucos dias depois, comecei no meu novo trabalho. Lá eu tinha um salário maior, já tinha um pouco mais de qualidade de vida, pois era mais próximo da minha casa e eu já não ficava tanto tempo dentro de um ônibus, mas ainda não sobrava dinheiro para bancar meus estudos.

Os anos foram passando e eu me estabilizando um pouco mais, porém ainda não tinha conseguido começar a minha graduação, até que fiquei sabendo da oportunidade na qual eu poderia fazer uma prova, e se tivesse um bom desempenho, poderia conquistar uma bolsa de estudos. Não pensei duas vezes: dediquei-me a estudar sem parar.

No dia em que sairia o resultado, eu estava muito tensa: parecia que as horas não passavam, e, quando enfim saiu o resultado e vi meu nome na lista de aprovados, a emoção tomou conta de mim. Enfim, mais um passo em direção a esse sonho.

Eu trabalhava o dia todo na universidade e à noite fazia faculdade. Era difícil e cansativo – quem passa por isso sabe bem –, mas em nenhum momento pensei na possibilidade de desistir, apesar de a exaustão ser visível.

Anos depois, eu finalmente estava me formando na PUC-PR. Foi um dos dias mais emocionantes da minha vida. No dia da colação de grau, quando desci do palco junto com os outros formandos e entreguei a placa de homenagem aos pais para minha mãe, nós duas em silêncio nos abraçamos e choramos muito, pois só nós sabíamos como foi toda a caminhada para chegar até ali e de tudo o que aquele diploma significava.

Após a colação de grau, meu marido preparou um lindo jantar para comemorarmos com a nossa família. Foi ele quem sempre acompanhou minhas batalhas e deu apoio para eu ter forças para continuar, e foi ao lado dele e da minha família que encerrei esse ciclo tão importante na minha vida.

Não posso esquecer de citar que, dentro da minha barriga, eu já carregava meu pequeno Lorenzo, que não poderia faltar para deixar essa data ainda mais especial.

Dificuldades todos terão nessa vida, porém, quando temos um propósito, sabemos para onde estamos indo. Essas dificuldades nos fortalecem, e o caminho, mesmo longo e cheio de dificuldades, leva-nos até um resultado que faz tudo valer a pena.

Algo importante para se ter em mente é que ninguém vai encontrar o propósito de vida à venda na prateleira de um supermercado. É preciso entender o que faz você feliz, o que a completa, o motivo que faz você acordar com brilho no olhar.

Provavelmente você já passou por algum momento da sua vida em que se questionou: "O que eu estou fazendo com a minha vida?". Já teve a sensação de que faltava algo, que as coisas pararam de fazer sentido. Por isso, é muito importante ter autoconhecimento, pois nos dá a habilidade de conseguir distinguir o que é bom e o que não é para o nosso ser, e uma maneira de desenvolver autoconhecimento é se questionando. Então, quando tiver dúvida se o que você está fazendo realmente vale a pena, se destinar sua energia ali faz realmente sentido, é hora de se questionar.

Existem milhares de perguntas que podem nos direcionar, ajudar a desenvolver o autoconhecimento. Selecionei algumas para fazer você se exercitar e assim começar a entender se está seguindo o caminho que gostaria ou se chegou a hora de traçar uma nova jornada.

O que mais importa para você neste momento?
_____
_____

Qual é a sua definição de sucesso?
_____
_____

Qual é a sua ideia de felicidade?
_____
_____

Qual qualidade você mais admira em uma pessoa?
_____
_____

O que você faz melhor?
_____
_____

Cite três pontos fracos seus:
_____
_____

O que gostaria de mudar na sua vida?
_____
_____

O que você mais gosta e o que menos gosta no seu trabalho?
_____
_____

O que você tem dificuldade de perdoar em uma pessoa?
_____
_____

Como você se vê?
_____
_____

O que gostaria de mudar em si mesma(o)?
_____
_____

Qual a melhor coisa que aconteceu na sua vida?
_____
_____

Qual a pior coisa que aconteceu na sua vida?
_____
_____

Do que mais tem medo?
_____
_____

Você se considera merecedor(a) de realizar seus sonhos?
_____
_____

Quando você se depara com esse tipo de pergunta, é normal começar a repensar a sua trajetória, e isso é sempre válido, principalmente quando não estamos felizes em algum âmbito da nossa vida.

Compreender a si mesmo não é tarefa fácil, mas isso irá impactar positivamente sua vida e a de quem convive com você.

Capítulo 6

PLANEJAMENTO, TRANSFORMANDO SONHOS EM REALIDADE

"Não basta colocar o objetivo no papel, é preciso definir metas e prazos e planejar como você vai executá-los."

DENISE HERZER

No decorrer da vida, vamos criando ambições, sonhos vão surgindo a partir de coisas que queremos conquistar ou vivenciar. São muitos objetivos, mas infelizmente muitos desses não saem do papel, por não sabermos como executá-los. É importante que seus objetivos estejam alinhados com seu propósito de vida, pois isso vai motivá-la a ter êxito na sua execução.

Quantos sonhos você deixou parados aí dentro de si mesma? Quantas vezes esperou um momento ideal para enfim fazer algo? E não percebemos que esse momento quem cria somos nós mesmas.

Pare para refletir um pouco sobre os objetivos que vem carregando aí dentro de si, sejam eles em curto, médio ou longo prazo, e depois liste-os a seguir:

Cinco objetivos de curto prazo (período de um mês):

1. _____
2. _____
3. _____
4. _____
5. _____

Cinco objetivos de médio prazo (período de um ano):

1. _____
2. _____
3. _____
4. _____
5. _____

Cinco objetivos de longo prazo (período de cinco anos):

1. _____
2. _____
3. _____
4. _____
5. _____

Escrever seus objetivos faz que sua mente tenha um foco definido e você comece a desdobrar sua energia para alcançá-los

Com eles listados, você deve partir para a segunda etapa, que é criar metas para alcançar esses objetivos. Essas metas precisam ser específicas, e cada uma deve ter um prazo definido para iniciar e para terminar.

Lembra de que lá no início do livro escrevi sobre a importância de se ter prioridade? Quando se está focada em alcançar seus objetivos, você consequentemente começa a priorizar o que vai levá-la(o) a os alcançar, e automaticamente passa a eliminar o que já não faz sentido e o que não agrega nada na sua vida.

E, por fim, mas não menos importante, é chegada a hora de planejar a forma que irá concretizar cada objetivo. Nessa etapa, você vai pensar nas ferramentas de que vai precisar, custo, possíveis problemas, pensar em cada passo que terá que executar até atingir seu objetivo final.

Agora quero que você responda a mais uma pergunta, mas não precisa escrever aqui, essa é para refletir aí no seu íntimo: a vida que você está levando é condizente com tais objetivos que deseja realizar? Se sim, ótimo, você está no caminho certo, mas se a resposta for negativa, é preciso rever o caminho que está trilhando.

Todas as suas metas precisam ser planejadas, algumas de maneiras mais simples, já outras vão precisar de uma organização mais complexa.

Digamos que um dos seus objetivos de médio prazo seja fazer uma viagem romântica com seu marido para Cancún, no México.

A primeira coisa a ser feita é um *check-list*, pois existem vários fatores que precisam ser considerados para a viagem, como o que levar na mala, hotel em que vão ficar hospedados, documentos necessários, data da viagem, custo da viagem etc. Você já definiu o destino, que é o primeiro passo.

Agora faça um planejamento dos gastos. Comece fazendo a cotação das passagens, hotéis, passeios, alimentação, seguro-viagem, gastos extras etc.

Em seguida, é preciso definir como vai pagar por esses custos, por exemplo:

- O passeio e o hotel serão pagos com o valor do 13º salário do casal;

- Dinheiro para compras e alimentação vocês já juntaram, visto que estão guardando 10% do salário de cada há um ano;

- O custo com a passagem foi parcelado em 10 vezes; e assim por diante.

Não esqueça de verificar se o seu voo terá conexão em alguma cidade que exige algum tipo de vacina, como a vacina contra a febre amarela. Se sim, é preciso checar se o casal possui essa vacina, e se não tiver, é preciso tomar com antecedência, pois será preciso duas doses para a emissão do certificado.

Lembre-se de averiguar se o casal possui passaporte e se estará válido até o dia da viagem, caso contrário não adianta chorar, pois sem passaporte não se embarca.

Fiz um resumo de um planejamento básico, pois quero que você perceba que uma viagem de sete dias pode fazê-la despender muitas vezes mais de um ano para conseguir finalmente realizar. Muito antes de a viagem acontecer, ela vai começar a impactar a sua rotina.

Por exemplo, esse valor de 10% que o casal economizou por um ano do salário pode ser que seja o dinheiro que os dois utilizavam para o lazer ou que poderia usar para trocar de carro, mas como escolheram viajar, focaram nisso e abriram mão de algo que não era prioridade.

Vou repetir: **não basta colocar o objetivo no papel**, é preciso definir metas e prazos e planejar como você vai executá-los.

Eu não faço ideia de quais são seus propósitos e objetivos de vida, se é viajar, formar-se, reformar a casa, ter um filho, viver da sua arte na praia, estudar para um concurso, comprar um carro, fazer uma cirurgia plástica, ajudar ONGs de animais, fazer sua festa de casamento. Só sei que a receita é a mesma para ter mais chance de torná-los realidade: realizar um planejamento e executá-lo.

E, quando temos, em nossas vidas, objetivos e sonhos ligados ao nosso propósito, eles podem demorar anos para acontecer, exigir vários sacrifícios, mas lhe trará sentimentos bons nessa trajetória. Você irá curtir o caminho mesmo sendo difícil, pois saberá exatamente aonde eles irão levá-la(o).

Capítulo 7

PRIORIZE-SE

"A vida é igual a andar de bicicleta. Para manter o equilíbrio é preciso se manter em movimento."

ALBERT EINSTEIN

"Se a motivação não vem de dentro, não faz você se sentir viva, não lhe dá emoção, mude o rumo."

DENISE HERZER

Você já ouviu a expressão popular "é preciso equilibrar os pratos sem deixar nenhum cair"? Quem já foi ao circo, provavelmente, já viu algum equilibrista de pratos bem habilidoso. Ele equilibra várias varetas com um prato na ponta de cada uma. Em alguns momentos parece que não vai dar certo, que um vai cair, e ele se movimenta de maneira que faz o prato voltar a girar normalmente, sem cair. E, quando o malabarista percebe que não vai dar conta, ele começa a parar de rodar alguns, diminuir a intensidade.

É exatamente essa cena que eu quero que você imagine, pense que cada prato é um âmbito da sua vida que você está tentando equilibrar, sejam estudos, trabalho, filhos, relacionamento, saúde, amigos, família... E quanto mais coisas você vai agregando, mais difícil vai ficando de manter todos rodando, sem cair, não é mesmo?

Muitos de nós sentimos uma tremenda dificuldade em conseguir equilibrar todos os "pratos que carregamos". Pois bem, para iniciarmos essa conversa, a primeira coisa que você deve fazer é uma reflexão e lembrar do que foi falado sobre ter autoconhecimento e propósito – esses dois fatores vão auxiliar você a definir suas **prioridades**. Essas prioridades podem – e com certeza vão – mudar ao longo da vida, e em cada momento você terá que se readaptar e pensar para "qual prato" você precisará dar maior atenção.

Agora, pensando dessa maneira, coloque aqui embaixo as suas cinco prioridades por ordem nessa fase atual da sua vida. (Filhos? Profissão? Estudo? Saúde? Relacionamento? etc.)

_____
_____
_____
_____
_____

Se você colocou que sua primeira prioridade é estar com seu filho e sua terceira é trabalho, porém tem trabalhado tanto que seu filho tem ficado de lado, aí já vai saber qual pratinho está prestes a cair.

Então restam duas opções: mudar as prioridades ou readaptar sua vida para ter o equilíbrio que deseja. Talvez seja essa reflexão que você precisa fazer para se dar conta de que está na hora de mudar alguma coisa. Caso contrário, um prato pode cair, e o resultado pode ser muita frustração.

Toda vez que sua vida começa a se tornar caótica e você se sentir infeliz e frustrada(o), é sinal de que chegou o momento de parar e fazer uma nova autoanálise. Tudo o que você faz exige dedicação, então foque em girar principalmente os pratos mais importantes para si mesma(o), assim será mais fácil prosperar tanto na vida profissional quanto na pessoal.

Quando meu filho nasceu, eu estava em uma fase muito boa da minha vida profissional, e até então meu trabalho era minha prioridade. Porém, ao final de minha licença maternidade, eu me deparei com a realidade de precisar colocar meu filho, de apenas quatro meses, em uma escolinha. Repensei minhas prioridades e, naquele momento, decidi colocar minha profissão de lado por um período. Foi então que saí do meu trabalho e fui cuidar do meu filho e ser dona de casa. Nesse período, fiz alguns *freelancers*, pois não queria parar totalmente de trabalhar, porém a prioridade era cuidar do meu filho. Quando ele fez 2 anos, senti que ele já tinha o mínimo de autonomia (andava, falava, interagia mais). Foi então que me senti segura para voltar ao mercado de trabalho. Finalmente consegui equilibrar o prato profissional com o da maternidade.

Não foi fácil largar meu trabalho, pois demorei para conquistar o cargo que eu estava ocupando, mas entendi que não conseguiria ficar bem emocionalmente e, por consequência, não seria uma boa profissional naquele momento. Então foi necessário parar de rodar aquele prato por um período da minha vida.

E tudo bem parar algum prato ou simplesmente deixar de girá-lo durante algum momento da vida. Não precisamos ficar frustradas ou infelizes por isso, faz parte da vida mudar o percurso, pois a vida é uma eterna transformação, aprendizagem, novos ciclos e recomeço.

Paul J. Meyer, que é considerado uma autoridade na área de desenvolvimento pessoal, fundou o Success Motivation Institute aos 32 anos. Ele tem uma frase que diz:

> **"Não importa quem você é ou qual é sua idade: se quiser conquistar sucesso permanente e sustentável, sua motivação precisa vir de dentro."**

Então, se a motivação não vem de dentro, não faz você se sentir viva, não lhe dá emoção, mude o rumo.

E nesses momentos de questionamentos do que realmente faz sentido, quero falar de uma ferramenta para desenvolvimento pessoal para adquirir autoconhecimento: ela é chamada de Roda da Vida e vai auxiliá-la(o) na identificação das áreas sobre as quais é preciso trabalhar para melhorar, mudar, abandonar ou readaptar. A ferramenta Roda da Vida foi criada em 1960 e é muito utilizada pelos *Coaching* e terapeutas.

É um exercício que, de maneira simples, lhe possibilita uma análise geral da sua vida e assim ajuda você a avaliar o que está tendo o melhor ou o pior desenvolvimento. Ela lhe trará clareza, pois oferece uma visão ampla sobre os graus de satisfação.

Quando você observar cada um desses setores, dará uma nota de um a dez, pensando no que você dá mais atenção, qual âmbito da sua vida tem desenvolvido mais, qual sente mais facilidade ou dificuldade em lidar.

Após pontuar, você vai transcrever essa nota na Roda da Vida. Ela terá várias "fatias de pizza", cada uma representará um âmbito da sua vida, e cada fatia terá dez casinhas: começa do um (no centro do círculo), até dez, na extremidade, que é onde você pintará conforme a nota. Por exemplo, se for cinco, pintará cinco casinhas.

Tradicionalmente, ela é composta por 12 partes, e essas são **divididas em quatro quadrantes**:

- **Qualidade de vida**
- **Pessoal**
- **Relacionamentos**
- **Profissional**

Saúde e disposição (pessoal)

Como você tem cuidado da sua saúde física, mental e emocional? Tem descansado como deveria? Tem dado atenção à alimentação e aos exercícios físicos? Como está sua saúde hoje?

Se você não tirar um tempo para dar atenção à sua saúde, mais cedo ou mais tarde vai precisar arrumar tempo para cuidar da sua doença.

Muitas pessoas só lembram de priorizar a saúde quando estão doentes e muitas vezes quando não há mais o que fazer.

Desenvolvimento intelectual (pessoal)

Quanto você tem se desenvolvido, aprendido coisas novas? Tem buscado meios de se desenvolver profissional e pessoalmente? Tem lido ou realizado cursos? Como tem absorvido tantas notícias que chegam até você diariamente?

Hoje em dia, com a era digital, chegam muitas informações ao mesmo tempo, e é importante saber lidar com elas e filtrar conteúdos que só fazem mal, que não agregam nada positivo na sua vida.

Equilíbrio emocional (pessoal)

Você tem discernimento para lidar com as situações do seu dia a dia? Ou é alguém explosivo, que na hora de resolver algum problema perde a cabeça?

Quanto mais equilíbrio emocional temos, mais conquistamos a capacidade de lidar com as adversidades. Quanto tempo tem destinado para cuidar da sua saúde emocional?

Realização e propósito (profissional)

Quando o trabalho que você realiza anda de acordo com o seu propósito, naturalmente se sente disposto a sair da cama pela manhã para o executar. Como tem se sentido em relação a isso? Você faz algo que lhe dá prazer? Já sabe o que faz sentido para si mesmo? Ou tem vivido uma rotina maçante que não faz sentido algum e leva você diariamente à frustração?

Recursos financeiros (profissional)

Como está sua vida financeira? Tem conseguido pagar suas contas? Está satisfeita com o padrão de vida que tem? Tem feito planejamento financeiro? Ou gasta mais do que recebe? Tem feito algo para mudar/melhorar?

Contribuição social (profissional)

O quanto o seu trabalho gera impacto positivo para outras pessoas? O que tem feito para contribuir para uma sociedade melhor?

Família (relacionamentos)

Como tem se relacionado com sua família? Sente-se livre para ser quem você realmente é quando está com eles? Aceita as diferenças que existem com seus familiares? Como o relacionamento com eles tem impactado sua vida? Negativa ou positivamente?

Desenvolvimento amoroso (relacionamentos)

É o relacionamento que você tem em relação ao amor. Como você se coloca nos relacionamentos? Você se anula quando entra em um relacionamento? Você sabe lidar com os desafios e as diferenças que vão existir com sua(seu) parceira(o)? Como está a saúde sexual? A pessoa que está ao seu lado faz você feliz? Ela incentiva você a crescer?

Vida social (relacionamentos)

Você está inserido em algum grupo social? No trabalho, na igreja, na academia, em algum esporte, com amigas do lugar onde mora ou da faculdade? Tem se relacionado com outras pessoas, saindo para lugares diferentes? Ou a rotina tem sido apenas casa e trabalho?

Criatividade, *hobbies* e diversão (qualidade de vida)

Você tem destinado um tempo para se divertir? Ver um filme, sair para beber com os amigos, sair para jantar, passear com seu filho, namorar, ficar de pernas para o ar relaxando? Ou sua vida está presa a uma rotina de trabalho, trânsito, boletos para pagar? Ter esses momentos de lazer é fundamental para descarregar as energias e ter qualidade de vida.

Plenitude e felicidade (qualidade de vida)

Qual seu grau de satisfação com sua vida? Tem se sentido feliz em um contexto geral? Consegue valorizar os pequenos prazeres da sua vida? Sente que está aproveitando os momentos da melhor maneira?

Espiritualidade (qualidade de vida)

Seja qual for sua crença ou religião, esta parte é relacionada àquilo que não podemos ver, vai além da nossa realidade, algo que apenas sentimos. Como isso tem impactado na sua vida, como tem vivenciado (ou não) isso? Como é a sua conexão com o universo, com Deus, com os Orixás, com Buda ou qualquer outro ser que você acredite, que vai além da sua mente?

Vou deixar um modelo para você fazer essa análise, é a sua vez de pontuar como está cada âmbito:

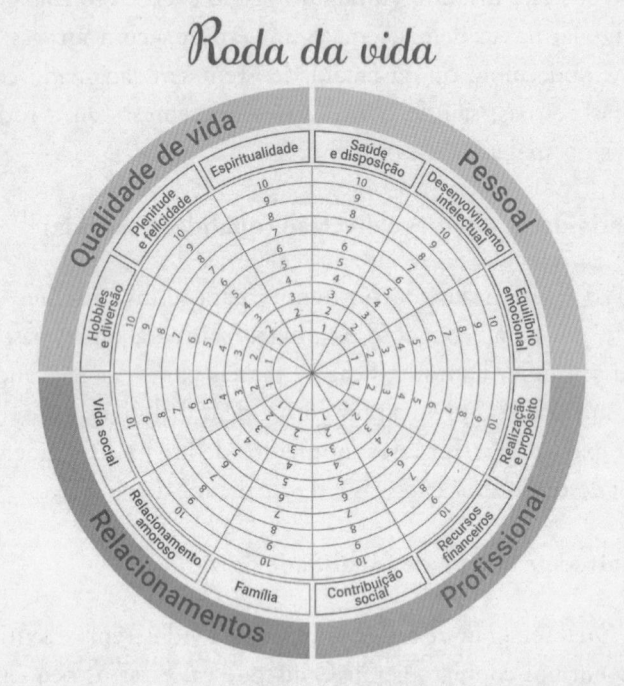

Roda da vida

Ao finalizar, você terá mapeado um breve panorama de como está sua vida, e em cima disso é possível analisar se está de acordo com o que você gostaria, se está existindo o equilíbrio necessário para deixá-la(o) mais satisfeita(o).

Sendo assim, o objetivo principal da Roda da Vida não é você ficar mal, julgando-se por não estar com nota máxima em tudo, mas sim ter consciência de como está sua vida.

Com isso, é possível definir qual rumo deseja seguir daqui em diante e, com um passo de cada vez, buscar cada vez mais equilíbrio e uma vida mais próxima do que sonha, do que gostaria. Quando algo não estiver da maneira que gostaria, você simplesmente para e analisa se realmente está despendendo energia em algo que vale a pena, se não é melhor reorganizar as coisas e redirecionar energia para outro lugar.

Somos seres humanos e muito vulneráveis, mas em contrapartida somos extremamente readaptáveis – olha o quanto evoluímos e nos readaptamos desde os tempos da pré-história. Fomos criados para isso: readaptar e evoluir.

Dias atrás, meu filho falou:

"Mamãe, quando que os homens da caverna ficaram tão chiques? Porque antes não tinha televisão, carro, casa, celular, e agora tem".

Achei muito engraçada a percepção dele para analisar a evolução do mundo, desde o tempo das cavernas até agora, quando, segundo o Lorenzo, tornamo-nos "chiques".

Eles mudaram o que não estava bom, foram se adaptando, criando, modificando, até chegarem a este mundo atual, com tantos facilitadores para nossa rotina, e com uma vida bem mais confortável.

Então, se não está feliz, é hora de mudar, evoluir, transformar sua vida, não tenha medo. Óbvio que muitas vezes as mudanças são doloridas, nós as negamos, pensamos que não vamos conseguir, mas elas são necessárias quando a sua rotina já não lhe traz felicidade.

Arrisque-se a sair da zona de conforto – que às vezes nem é tão confortável assim, mas nos acostumamos com ela –, pois ela pode ser pacata e sem muitos riscos, mas não vai acontecer muita coisa por lá. Priorize ir à busca do que faz você feliz.

Capítulo 8

PLANEJAMENTO SEMANAL

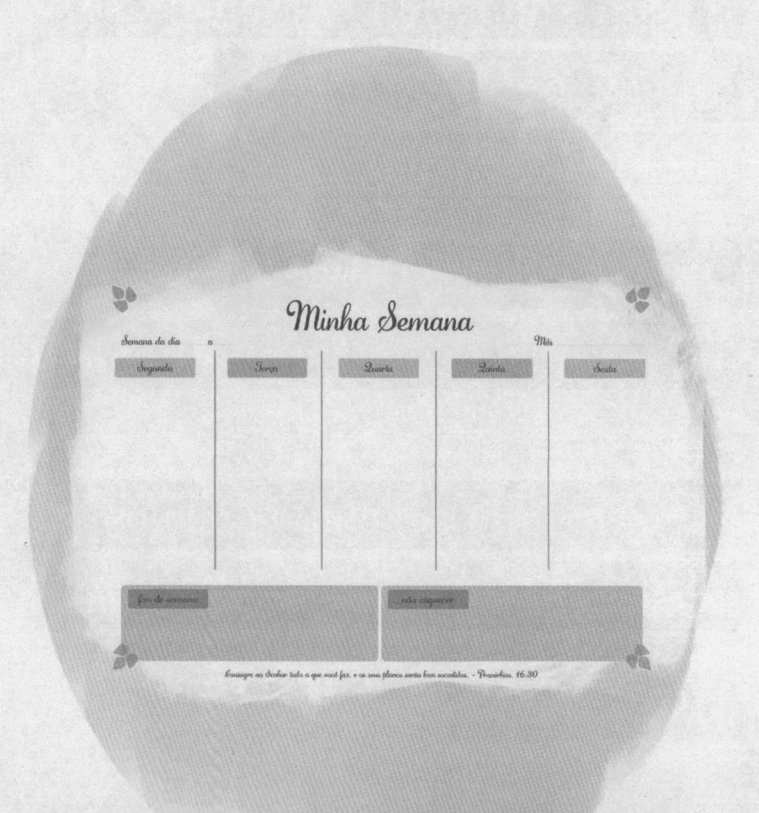

"O que é importante raramente é urgente e o que é urgente raramente é importante."

DWIGHT EISENHOWER, 34º presidente dos Estados Unidos

"Não é a falta de tempo que nos persegue. É a falta de organização."

TUCA NEVES

Lembra que pedi para você listar as prioridades da sua vida? Lá conversamos em um contexto MACRO. Agora vamos conversar sobre as prioridades das suas atividades diárias, e como fazer para definir por onde começar.

Quando escutamos alguém falando de gestão de tempo, logo imaginamos uma(um) grande executiva(o), de uma multinacional, com a agenda lotada de reuniões. Gestão do tempo serve para ela(e), mas também serve para todos nós.

Sabe aquela sensação de que o volume de demandas aumenta a cada dia? Isso acontece para o grande executivo, dona de casa, mãe, empresária, enfim, todos acabam vivenciando dentro do seu contexto em uma vida cheia de afazeres.

Quando você inicia a semana com um cronograma das suas principais atividades, é possível ter um controle maior das suas demandas fixas, para, quando acontecer algum imprevisto, não entrar em pânico, pois fica mais fácil reorganizar tudo.

Viver na bagunça não é normal, viver em meio ao caos não faz bem. Não se acostume com isso, não se acostume a não ter tempo para si mesmo, para cuidar do seu corpo, da sua saúde e da sua mente. Não é porque você está acostumado que é normal, repense sua rotina e mude o que for necessário – sua saúde mental agradece.

Uma ferramenta muito utilizada para planejar e organizar a semana é o *planner*, que, além de ser uma ferramenta muito simples, é um grande facilitador da rotina. Nele, você consegue deixar programado o horário que vai executar cada atividade, desde reuniões, médicos, compromisso com marido, mercado, enfim, organiza tudo que terá no seu dia, marcando o horário que vai acontecer. Basicamente você irá tirar da cabeça os problemas, tarefas do dia, compromissos, e colocar em um papel. Assim, diariamente vai olhar, fazer o que é preciso, e não vai ficar insegura com medo de esquecer de fazer algo importante ou de pensar que tem tantos afazeres que não vai dar conta. Colocando ali, você vai organizando seus dias como um quebra-cabeça.

O *planner* é uma ferramenta de planejamento pessoal e profissional, sua tradução é PLANEJADOR, e seu maior objetivo é auxiliar você a ter foco na organização das tarefas de maneira clara e eficaz.

Existe uma quantidade enorme de *planners* disponíveis no mercado, para todos os gostos e bolsos, mas todos têm o mesmo papel. O que muda depende do seu comprometimento em executar o que foi planejado ali.

Criei o modelo de *planner* semanal, apresentado a seguir, para uma ação que lancei na minha página do Instagram, para incentivar as mães a incluir na sua rotina o planejamento da sua semana. Fiz vários desafios e ia mandando esse *planner* para diversas seguidoras como presente. Foram mais de 1.500 unidades distribuídas, e, como retorno, eu tive muitos *feedbacks* positivos, muitas mensagens de quem realmente estava incluindo o uso dessa ferramenta.

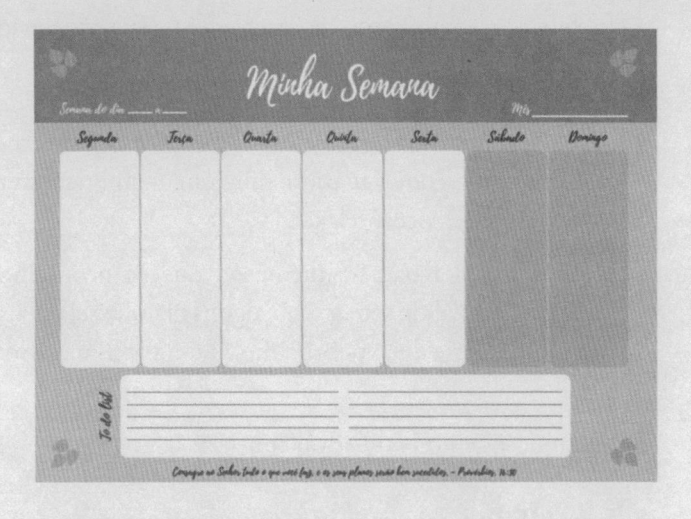

Existem três tipos principais de *planner*: mensal, semanal e diário. O que eu mais gosto e acho eficaz é o semanal, pois você conseguirá visualizar de maneira panorâmica e detalhada como será sua semana. Isso auxiliará a administrar seu tempo, inclusive os imprevistos que ocorrem, pois facilmente você consegue remanejar suas atividades.

Alguns pontos que você deve considerar ao preencher seu *planner* semanal:

- Preencher primeiramente os compromissos que são prioridades.

- Definir horário para início e fim de cada tarefa. Isso vai ajudar você a ter uma ideia do tempo estimado que vai demorar para executar tudo. Como já falei antes, é como montar um quebra-cabeça para conseguir organizar suas atividades dentro dos sete dias da semana, e das 24 horas que compõem cada um.

- Incluir seus momentos de lazer, afinal, sua vida não pode ser só trabalhar, trânsito, contas para pagar, estresse do dia a dia, não é mesmo? Então lembre-se de deixar um horário para ver um filme com o filho, tomar um vinho com o marido, sair com as amigas, fazer algo que ajude você a relaxar.

- Decidir um dia para se organizar, que eu aconselho que seja no final de semana ou algum dia que seja mais tranquilo. Nesse dia, você tira meia hora para fazer isso.

Lembrando que no *planner* vai constar:

- **Suas METAS:** leitura diária, aulas de piano duas vezes na semana, meditação matinal, academia etc.

- **Suas TAREFAS:** levar o carro para lavar, ir ao banco pedir cartão extra, fazer compras no mercado etc.

- **Seus COMPROMISSOS:** horário de trabalho, consulta no dentista, reunião na escola do filho etc.

Conseguiu perceber que, desses três, o compromisso é o único item que tem data e horário pré-definidos? Então a sua missão agora é colocar prazos nas metas e tarefas e encaixá-las conforme sua prioridade e disponibilidade.

E o principal: lembrar que escrever suas atividades da semana não resolve nada – essa é apenas a primeira fase. É preciso que você execute as tarefas conforme o programado. Não existe mágica, é preciso comprometimento com sua própria vida.

Agora, retomando o assunto PRIORIDADES, existem diversas ferramentas para ajudar a defini-las e, assim, você conseguir ter maior desempenho na gestão do seu tempo.

Eu escolhi uma para compartilhar com vocês, a Matriz de Eisenhower ou Princípio da Decisão de Eisenhower. Sua principal finalidade é lhe proporcionar uma organização da rotina, fazendo a priorização das atividades que precisam ser desempenhadas de acordo com o seu grau de urgência e importância.

Ela consiste basicamente em distribuir as tarefas em quatro quadrantes, com dois eixos:

- **IMPORTÂNCIA**
- **URGÊNCIA**

Veja, a seguir, um modelo:

	URGENTE	NÃO URGENTE
IMPORTANTE	I QUADRANTE "FAÇA AGORA!"	II QUADRANTE "AGENDE"
NÃO IMPORTANTE	III QUADRANTE "DELEGUE"	IV QUADRANTE "ELIMINE"

Quando elaborar a matriz para definir as suas prioridades, procure pensar da seguinte maneira:

- Importante, mas não urgente:
  AGENDE: podem ser agendadas para mais tarde.

- Urgente e importante:
  FAÇA AGORA: fazer imediatamente.

- Nem importante, nem urgente:
  ELIMINE: tarefas que podem ser eliminadas.

- Urgente, mas não importante:
  DELEGUE: poderá ser delegada a outra pessoa.

Essa é uma ferramenta que, se bem aplicada, vai fazer você obter resultados satisfatórios para a otimização de tempo.

Analise a seguinte situação: às 10h da manhã, seu chefe chega e diz que às 13h vai acontecer uma reunião e que ele precisa que você apresente um relatório X. Você nesse dia iria sair para almoçar mais cedo, pois tinha agendado com a manicure para fazer as unhas. Qual a sua prioridade? Para mim seria: focar no relatório, pois é de lá que eu recebo meu salário, e de nada vai adiantar estar com as unhas lindas e desempregada.

Então essa tarefa, que até então não existia no meu dia, começa a fazer parte do quadrante URGENTE e IMPORTANTE, onde sua execução deve ser imediata.

Eu ligaria para a manicure, explicaria o ocorrido e pediria para ela ver um novo horário disponível, já que fazer as unhas a mim se enquadraria no quesito IMPORTANTE (sim, fazer as unhas é importante para mim), MAS NÃO URGENTE, ou seja, poderia fazer em outro momento.

E assim você vai encaixando as atividades e priorizando o que você considera mais importante.

"O que é importante raramente é urgente e o que é urgente raramente é importante." – Dwight Eisenhower, 34º presidente dos Estados Unidos.

Contudo, existem diversas técnicas que também podem ser usadas, algumas mais simples, outras bem complexas, aí depende da necessidade de cada um.

Independentemente de qual você escolher, o importante é a técnica ajudá-la(o) a mapear o que priorizar para você saber por onde começar.

Realizar a gestão do seu tempo vai direcionar e ajudar você a focar no que realmente é necessário. Planejar a maneira que vai gastar seu tempo é uma atitude básica para conseguir ter mais organização, e isso vai tornar seus dias mais produtivos e menos estressantes. Quando se tem planejamento e disciplina para executar o que foi planejado, os resultados começam a aparecer na sua vida. Assim será possível você obter um desempenho melhor nas suas atividades, ter qualidade de vida e menos estresse.

Não precisa esperar uma segunda-feira para começar, ou o início de um novo ano para incluir bons hábitos em sua vida. O planejamento e a disciplina vão trazer mais liberdade para seus dias, comece agora essa mudança.

Capítulo 9

PROCRASTINAÇÃO

"Quando você deixa para depois, abre uma grande possibilidade de que seus sonhos não se tornem realidade."

DENISE HERZER

Eis que você acorda cedo, toma seu café da manhã, se arruma e vai trabalhar. Chega ao trabalho e tem uma lista enorme de tarefas a serem executadas, mas antes de começar você resolve tomar mais um café com uma colega que acabou de chegar. Logo depois, volta para sua mesa e começa a checar os *e-mails*, responde alguns e dá aquela olhadinha nas redes sociais. Quando se dá conta, já passou meia hora, e você volta a checar *e-mails*. Passa algum tempo, você se levanta para ir ao banheiro, volta, começa a realizar as tarefas do dia, faz algumas e se distrai olhando para o além e pensando na "morte da bezerra". De repente é surpreendida(o) por uma voz lhe chamando. Você olha, e é sua gerente perguntando se você terminou o relatório (aquele que estava como quinto item na sua lista de tarefas), pois ela precisa para a apresentação na manhã seguinte. Você responde que está quase finalizando (mas nem começou) e promete que na manhã seguinte o relatório estará pronto para a reunião. Você olha no relógio, e já está na hora de ir embora, mas o relatório está longe de ser finalizado, então acaba levando-o para terminar em casa. E é assim que o tempo que você teria para ver um filme, ficar com a família, sentar-se para jantar com calma acaba sendo substituído por um computador e trabalho que você precisou levar para casa.

Quando você deixa para depois o que era para ter sido feito agora, isso se chama PROCRASTINAR.

Então você chega em casa e diz: "Eu não aguento mais meu trabalho, toda hora preciso trazer serviço pra casa, eu estou muito sobrecarregada, não tenho tempo pra nada". De quem será a culpa disso tudo? Da falta de tempo? Da sua chefia, que lhe passou trabalho? Ou sua mesmo, que usou o tempo que deveria ser destinado para executar o trabalho para fazer outras coisas?

Você pode e deve fazer paradas ao longo de um dia de trabalho, inclusive existe até uma técnica chamada Pomodoro. Ela foi desenvolvida em 1980, pelo italiano Francesco Cirillo. Essa técnica tem como objetivo estimular o foco e, assim, melhorar a agilidade nas atividades do cérebro. Basicamente, consiste em focar completamente em uma tarefa por 25 minutos, sem interrupções. Depois desse tempo, você faz uma pausa de 5 minutos e em seguida volta para continuar a tarefa ou, caso tenha encerrado, parte para a próxima. Quando concluir quatro blocos da técnica Pomodoro, você faz uma pausa maior, de 15 a 30 minutos. Existem inclusive alguns aplicativos para auxiliar você a usar essa técnica.

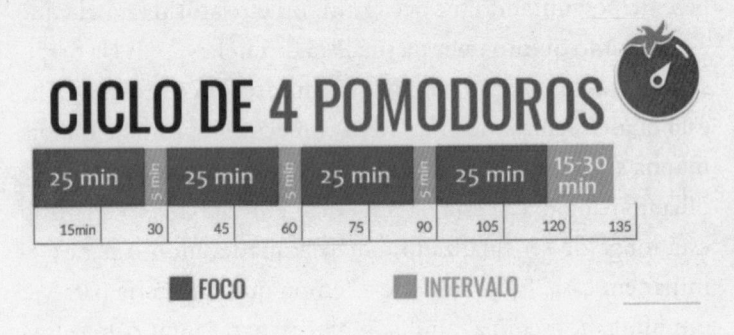

CICLO DE 4 POMODOROS

25 min	5 min	25 min	5 min	25 min	5 min	25 min	15-30 min
15min	30	45	60	75	90	105	120	135

■ FOCO　　　■ INTERVALO

Quando você utiliza uma técnica como essa, está usando essas pausas a seu favor, e o tempo destinado ao trabalho é com foco total, fazendo-a(o) concluir com mais eficácia suas atividades.

No entanto, quando você usa pausas como desculpa para adiar seu trabalho, quem sai perdendo é você mesma, pois quando está trabalhando, pensa no lazer, quando está no lazer, pensa no trabalho que não concluiu, e não consegue se sentir realizada em nenhuma situação.

A procrastinação muitas vezes começa bem cedinho com aqueles "só mais cinco minutinhos" e segue com muitas outras atitudes durante o dia; o resultado é sua saúde física e mental afetada, ou seja, quem paga caro por isso é você mesmo.

Reflita aí se você costuma fazer algo assim:

Tem uma atividade para executar → vai tomar uma água → abre uma rede social → vai tomar um café → responde a uma mensagem no celular → abre o e-mail → vai ver um vídeo que recebeu → vai ao banheiro → volta para a atividade → olha para o relógio e entra em desespero porque não vai conseguir terminar a tempo → vai tomar um chá para se acalmar.

Existe um ciclo vicioso que precisa ser quebrado.

É óbvio que para parar de procrastinar é preciso mudar hábitos, trabalhar sua mente para entender que existe prazer também em realizar algo e finalizar. É um trabalho psicológico que precisa ser realizado diariamente.

Em vez de pensar:

"Só mais cinco minutinhos na cama", troque por "Se acordar agora não preciso sair correndo de casa, consigo tomar meu café tranquilamente".

"Amanhã eu faço", troque por: "Vou terminar agora, para amanhã ter tempo de terminar de ver minha série preferida".

Certa vez, precisei gravar um vídeo para um cliente e tinha até sexta às 13h para entregar esse vídeo editado. Cheguei à minha casa na quinta-feira cansada do escritório e tinha duas opções: ou gravaria o vídeo e editaria à noite ou acordaria bem mais cedo para fazer. Escolhi gravar mesmo cansada, pois estaria "livre" desse compromisso e poderia dormir tranquila e acordar um pouco mais tarde. Caso contrário, provavelmente eu ficaria ansiosa à noite por não ter feito o que precisava, e se acontecesse algum imprevisto eu poderia prejudicar o cliente ao perder o prazo.

Percebem que é uma troca? A procrastinação dá uma falsa sensação de prazer, é você falando para si mesma: "Uhuuu, achei uma desculpa para não fazer isso ou aquilo agora". Mas no outro dia você terá que fazer da mesma maneira. E, quando você deixa de procrastinar, sua recompensa é o prazer de finalizar algo e ainda ganhar tempo para fazer o que você quiser.

Existe um estudo (*The nature of procrastination: a meta-analytic and theoretical review of quintessential self-regulatory failure*) que cita quatro pilares da procrastinação, que são eles:

Tarefas de baixo valor

Deixar para depois coisas/tarefas que consideramos desagradáveis ou sem muita importância. Por exemplo, você precisa renovar sua carteira, aí deixa para fazer o agendamento para a última hora. Ou lavar uma louça, aí você pensa: "Pra que lavar agora? Ninguém vai morrer se eu deixar para depois". E quando percebe, a pia está mais lotada que nunca.

Expectativa de dificuldade

Você imagina que a tarefa será difícil de executar, então tende a deixar para começar depois, ou amanhã, ou semana que vem.

Medo de errar

Outro motivo é a insegurança de não conseguir, medo de fracassar, de não dar certo. Você quer muito abrir uma loja *online*, pesquisa, se programa, consulta fornecedores, mas na hora de realmente dar início, trava e começa a achar desculpas para não começar (mesmo com tudo encaminhado), e o medo de dar errado é tão grande que os planos não saem do papel.

Personalidade de procrastinador

Faz parte da personalidade da pessoa e é basicamente o resultado da herança genética e do ambiente onde vivemos, fomos criados. Ou seja, algumas pessoas têm mais probabilidade de procrastinar.

A procrastinação é um grande sabotador de planos/sonhos, pois, se ela começa a ser predominante na rua rotina, você passa a acumular tantas coisas, que fica difícil se organizar para finalizar algo.

Existem algumas formas de facilitar sua rotina e auxiliar você a não procrastinar:

- Crie um cronograma com suas atividades – pode ser o *planner*, que mostrei no capítulo 7. Lá você define como vai fazer e os prazos para executar, assim vai condicionando seu cérebro a tudo o que precisa realizar naquele período.

- Realize uma atividade por vez, ou vai começar várias e não terminar nenhuma.

- Se for algo muito complicado e difícil de executar, divida em etapas, sempre colocando prazos para executar cada uma. Assim haverá uma sensação de realização a cada fase concluída.

- Comece a ter consciência emocional dos impactos que cada procrastinação terá na sua rotina. Esse é o primeiro passo para você mudar seu pensamento e o péssimo hábito de deixar para depois, e depois, e depois.

- Evite o negacionismo. Isso vai criar bloqueios para que você cumpra seus objetivos e atinja seu foco. Quando você posterga algo, acaba gerando um pensamento negativo, de que não vai conseguir realizar a atividade. Liberte-se disso, comece a acreditar em si mesma(o), no que faz, use seu cérebro a seu favor.

- Evite distrações, principalmente quando for executar as tarefas que exigem um pouco mais de atenção – a técnica Pomodoro pode ajudá-la(o) muito. Deixe o celular no silencioso, desligue o rádio ou a televisão, avise as pessoas ao seu redor que está realizando uma tarefa importante e que não quer ser interrompida.

Dia desses, meu filho fez uma bagunça gigante no quarto dele: tirou todos os bichos de pelúcia e colocou na cama, em seguida começou a brincar no chão, então tinha lápis de cor, papel, livro e alguns brinquedos espalhados pelo chão. E em casa temos uma regra: pode tirar tudo do lugar, mas depois precisa guardar. Como ficou tarde, ele pediu para arrumar no outro dia, e eu deixei, com a condição de que chegaria da escola e seria a primeira coisa a ser feita. Normalmente ele chega e vai descansar no sofá assistindo algum desenho. Quando ele chegou da escola, bateu o desespero, porque olhou o quarto muito bagunçado e não sabia por onde começar. Sentei-me com ele e expliquei que precisava fazer uma coisa por vez, e juntos fizemos uma lista da ordem que ele iria arrumar.

- Guardar os bichos de pelúcia no lugar.
- Juntar, do chão, os lápis de cor e guardar no estojo.
- Juntar os livros e cadernos e guardar na escrivaninha.
- E, por último, guardar os brinquedos, cada um no seu devido lugar.

Depois disso, ele rapidamente conseguiu finalizar tudo e pôde assistir ao desenho que queria.

A nossa realidade de vida adulta é igual à de uma criança, só muda nossas responsabilidades, pois muitas vezes deixamos uma atividade que achamos difícil para depois, como se ela fosse se resolver sozinha, mas isso não vai acontecer. Então, quando não temos mais como postergar, começa a bater aquele desespero de não saber nem por onde começar.

Procrastinar poderia constar no dicionário como: a arte de se sabotar. E quebrar esse ciclo da procrastinação é um delimitador para sair do "deixa para depois" para "vou fazer agora".

O tempo é o recurso mais precioso que temos, não há como resgatar o que já passou, então o use da melhor maneira possível.

Muitas vezes procrastinamos para nos manter em uma zona de conforto, por medo de arriscar ir em busca de algo maior, medo da frustração de não dar certo, por pura insegurança. Mas saiba que toda vitória é composta de várias derrotas que aprendemos a lidar e que nos ensinam muito durante a nossa trajetória.

Não perca nenhuma oportunidade de conquistar algo que deseja e de mudar o que não está bom por falta de comprometimento para executar o que precisa ser executado, que depende mais de você do que de qualquer outra pessoa. Amanhã você pode se arrepender de não ter começado hoje.

Capítulo 10

APRENDA A DIZER NÃO

"Livrar-se de vez da necessidade de agradar o tempo todo é libertador. Aprender a dizer não é adotar o hábito de olhar para si mesma e priorizar as suas vontades."

DENISE HERZER

"Foco é dizer não."

STEVE JOBS

Muitas pessoas têm a necessidade de agradar o tempo todo, e dizer não gera um constrangimento interno tão grande, que elas preferem ceder e dizer sim, mesmo quando não estão com vontade.

Principalmente nós, mulheres, fomos criadas para dizer sim, está embutido na cultura da nossa sociedade. Sim para agradar o marido, amigos, família, agradar no trabalho, para "parecer boazinha", e assim fomos dizendo, sim, para o mundo e não para nós mesmas.

Existe um medo de magoar ou decepcionar quem está pedindo algo, e essa frustração da outra parte pode realmente acontecer. Normalmente os primeiros "nãos" geram um certo desgaste, ainda mais quando se tem algum envolvimento emocional.

Mas vamos deixar bem claro: você não precisa ser "boazinha" o tempo todo para ser aceita. Muito pelo contrário, só dizer "sim" demonstra sua insegurança e fragilidade, seu medo de rejeição. Livrar-se de vez da necessidade de agradar o tempo todo é libertador, aprender a dizer não é adotar o hábito de olhar para si mesma(o) e priorizar as suas vontades.

É importante começarmos a ter mais "filtro", para filtrar o que realmente queremos dizer SIM, e menos "esponja", para não absorver uma culpa pelo NÃO que foi dito.

Meu marido costuma falar que todo favor vira obrigação, e cada vez mais concordo com isso.

Certa vez no meu trabalho uma colega pediu carona, e eu dei, mas precisava mudar um pouco a rota, e eu demorava uns 15 minutos a mais para chegar à minha casa, mas como não era nada absurdo, eu a levei até a sua casa. E por outras vezes fiz isso, até que um dia ela pediu carona, mas respondi que não poderia porque estava atrasada e precisava chegar com urgência em casa, pois tinha um compromisso. No outro dia, quando cheguei pela manhã e dei oi, já a senti meio estranha, e quando fui conversar com outra colega, descobri que o problema realmente foi por causa do meu NÃO, pois ela já tinha comentado isso. Eu disse "sim" por diversas vezes, e esse favor virou uma obrigação, e na primeira negativa, eu me tornei a "ruim" da história.

E assim acontece diversas vezes.

Quando você empresta dinheiro para um amigo, e ele promete devolver em uma semana, mas passa um mês, e nada de ele devolver o dinheiro, então você resolve cobrar, porque de fato precisa do dinheiro, pois tinha programado fazer algo com a quantia emprestada. E qual sua surpresa quando seu amigo fica bravo com você, por ter cobrado. Você acaba perdendo o dinheiro e o amigo, por isso é preciso ter muito cuidado quando se envolve amizade com dinheiro.

Quando sua irmã sempre pede para você ficar com seus sobrinhos para ela sair e fazer as coisas dela, mas às vezes você tem as SUAS coisas para fazer ou simplesmente não está a fim, mesmo assim acaba dizendo sim, para não causar desconforto na família. Porém, num belo dia, quando você diz que não pode porque tem um compromisso inadiável, ela fica chateada com você e ainda sai falando que não pode contar com você para nada.

E o famoso empréstimo do cartão de crédito depois de uma história triste de um parente ou amigo? Você empresta por pena, porque normalmente a história é digna de muito sofrimento, de tristeza, e na hora que chega a fatura quem chora é você. Resultado: você fica com a dívida do cartão e ainda perde a amizade, pois a pessoa fica ofendida se você cobrar e rompe relações.

Dentro de um relacionamento também acontece isso: você vai tolerando, aceitando coisas que ferem, que a(o) deixam triste, por medo de perder a pessoa, e no fundo quem está se perdendo é a pessoa que aceita tudo.

E situações assim vão acontecer por diversas vezes na vida, porque quanto mais você cede, mais as pessoas começam a acreditar que você tem obrigação de fazer mais e mais por elas.

A grande questão nisso não é o fato de ajudar, pois você pode e deve ajudar sempre que realmente desejar e achar que vale a pena. O problema é quando você começa a abrir mão da sua vontade, do seu planejamento, dos seus recursos financeiros, do seu tempo, simplesmente por receio de dizer não.

Se existe a vontade de organizar sua vida, planejar sua rotina, será preciso estabelecer limites.

Quando quiser dizer não, DIGA! Não ache que você será egoísta por isso, é importante você dar atenção aos seus sentimentos.

O NÃO pode ser dito de maneira gentil e educada, então explique seus motivos. Pode ser que, mesmo assim, sua atitude gere algum desconforto? SIM, infelizmente, muitas pessoas (principalmente aquelas para quem você sempre diz sim) não sabem lidar com o não, mas vão ter que aprender. E isso vai ser bom para essas pessoas, pois elas precisam se desenvolver e aprender a resolver seus próprios problemas.

Às vezes despendemos muita energia tentando ajudar pessoas que não querem que seus problemas sejam solucionados. Normalmente essas pessoas são tóxicas, chegam com palavras de pessimismo e vitimismo, não querem que você as ajude a achar a solução, mas querem que **você** resolva o problema delas. Se você resolver um problema, ela criará outro, e você irá virar refém disso, pois, na maioria das vezes, existe um envolvimento sentimental, o que torna mais difícil negar algo.

Essas pessoas se agarram tanto em ter algo para lamentar, que, mesmo com todos os seus esforços para ajudar, isso não será o bastante. As chances de você se envolver tanto nos problemas alheios a ponto de os tornar seus são enormes, e aí ficará cada vez mais difícil se desvencilhar, prestes a deixar sua vida em segundo plano.

Comece a rever cada pedido, se realmente vale a pena sacrificar sua energia, pois muitas vezes essa pessoa não faria o mesmo por você. Ou tente uma nova técnica, se proponha a ensiná-la a resolver o problema, assim você vai descobrir se ela realmente quer mudar a vida, aprender, evoluir, ou se apenas quer alguém para resolver seus problemas ou colocar a culpa quando algo não der certo.

Se for a segunda opção, fique ciente de que ela não quer se ajudar, então por que você vai ficar se sacrificando para ajudar alguém assim? Use essa energia para suas coisas, pois sua vida já é bem movimentada, não é mesmo?

Se você deseja ter uma vida mais organizada, mais planejada, em que existe um domínio da sua rotina, então é preciso dar mais prioridade às suas coisas, às suas vontades, aos seus desejos. Chega de pausar a vida o tempo todo para sanar as necessidades alheias.

Quer ajudar alguém? Primeiro se ajude, você não conseguirá "tirar ninguém do fundo do poço" se ainda estiver lá embaixo.

Vamos fazer um exercício? Pense em três pessoas que têm o hábito de lhe pedir favores e cujos pedidos já começaram a incomodar você porque se tornaram recorrentes. Pensou?

Agora pense em quantas vezes você as ajudou no mesmo tipo de situação. Pensou?

Agora tire suas próprias conclusões: será que está valendo a pena você continuar dizendo sim? Você está de fato ajudando essa pessoa ou a deixando acomodada com a situação?

Trace na sua cabeça uma estratégia para dizer não. Como você já sabe que mais cedo ou mais tarde ela virá atrás de você para pedir algo (ou a mesma coisa de sempre), é hora de pensar como vai começar a dizer o que realmente sente vontade.

Você já ouviu falar de inteligência emocional? Vamos conversar sobre isso daqui a pouco, mas, para resumir, um dos pilares da inteligência emocional é o autoconhecimento (que escrevi anteriormente). Isso lhe dá uma base para começar a entender o que lhe faz bem, o que lhe faz mal, o que você gosta, ajudando cada vez mais a escutar o problema das pessoas sem se envolver a ponto de se contaminar com isso.

Suas emoções e vontades precisam ser prioridades na sua vida. Pare de querer resolver a vida de todo mundo e comece a resolver seus próprios problemas.

Então comece a incluir no seu vocabulário:

- Não quero.
- Não vou.
- Não estou a fim.

- Não tenho vontade.
- Hoje não.
- Não gosto.

E já dizia Albert Einstein: "Toda vez que você diz sim, querendo dizer não, morre um pedacinho de você".

Liberte-se de querer agradar todo mundo, permita-se dar um basta no que não lhe faz feliz, diga mais "NÃOS" para os outros e mais "SINS" para suas vontades e sentimentos.

Capítulo 11

QUANTO TEMPO TEM DESTINADO PARA SE CUIDAR?

"Cuidar da sua mente e do seu corpo não é futilidade, mas sim prioridade. Seu corpo é seu lar, cuide bem dele."

DENISE HERZER

E no meio desse turbilhão de obrigações do seu dia a dia, quanto tempo você tem destinado para cuidar de si mesma(o)?

Quanto tempo destina para cuidar da sua saúde física, mental e emocional? Ler um livro, ver um filme, tomar um banho demorado, sair para comer aquele prato que você tanto gosta, fazer o cabelo, namorar, jogar conversa fora com uma amiga, caminhar no parque, ir ao médico, ao dentista?

Temos filho, marido, trabalho, casa para cuidar, roupa para lavar, tantas ocupações que, no final do dia, dificilmente nos priorizamos.

Autocuidado é muito importante para nosso equilíbrio emocional; aprender a zelar pela saúde física, mental e emocional não é egoísmo, é necessidade básica.

O fato é que, se você não estiver bem consigo mesma(o), como vai conseguir ajudar outra pessoa?

Confesso que nunca tive esse autocuidado, nunca prestei muita atenção na minha saúde. Conforme já contei, com 17 anos eu já morava sozinha com uma amiga. Pouco tempo depois veio minha irmã mais nova e a irmã dessa minha amiga para morar conosco. Você tem noção do que significava quatro adolescentes morando sozinhas? Nossa alimentação fazia qualquer nutricionista chorar: era baseada em macarrão instantâneo, frango empanado, bolacha, pizza, sanduíches e refrigerante. Além da péssima alimentação, dormíamos mal, não praticávamos nenhum exercício físico, ou seja, uma vida completamente desregrada e sedentária.

Infelizmente acabei carregando esses maus hábitos por alguns anos, até que um dia meu atual marido entrou em minha vida. Uma das suas formações é Educação Física. Ele sempre adorou praticar esporte, comer bem, cuidar do corpo, da mente e da alma. Faz muita diferença ter alguém ao lado que se preocupa com você, e lhe mostra a importância de se cuidar. Com o tempo, ele foi me incentivando a mudar meus hábitos e me fazendo entender os impactos desses cuidados comigo a curto e a longo prazos.

Imagine-se recebendo um carro maravilhoso, com um belo laço vermelho em cima, zero km, com aquele cheirinho de novo. Imaginou? Mas, na hora de receber a chave e assinar os documentos para receber de fato o veículo, você percebe que consta no contrato de doação uma cláusula que fala o seguinte: "Você não pode vender, trocar e nem emprestar o carro. Assume total responsabilidade por ele, e esse veículo terá que ficar com você para sempre, não será possível comprar outro". Como você cuidaria desse carro sabendo disso? Tenho certeza de que teria um cuidado enorme com ele.

Meu marido costuma falar que nosso corpo é como um carro, que precisa de manutenção periódica, olhar a água, trocar o óleo, fazer balanceamento e geometria, porque, se você não fizer essa manutenção, a hora em que o carro estragar vai custar muito caro para arrumar, correndo o risco de ter peças que não vão mais funcionar e nem manutenção vai resolver, pois terá que trocar por um novo.

E assim é nosso corpo: quando nascemos, ganhamos um corpo zero km, que precisamos dar a atenção devida. Se não cuidar da alimentação, não praticar atividade física, não ingerir as vitaminas necessárias, não cuidar da saúde mental, uma hora seu corpo vai apresentar problemas, que podem ser muito sérios, e talvez seja tarde demais para "trocar a peça".

Nosso corpo é igual a esse carro que narrei, ficará conosco até os últimos dias, não tem como trocar, vender, emprestar. Então nada mais coerente do que cuidarmos dele com toda a atenção que merece.

Pensar em acordar mais cedo para fazer exercício dá até arrepio, comer uma pizza parece muito mais atrativo que comer um prato de salada, mas podemos ter equilíbrio.

No mundo, existem milhares de atividades físicas – não consigo acreditar que nenhuma atraia você. Vá experimentando, até encontrar alguma que a(o) motive um pouco mais, e se mesmo assim não achar, chega uma hora na vida que precisamos entender que nem tudo o que fazemos é porque gostamos, mas muitas vezes porque precisamos.

Nosso bem mais precioso é a saúde, não adianta ter milhões na conta e ter uma doença terminal. O dinheiro pode até ajudar com os melhores médicos e tratamentos, mas não tenha dúvida: se você perguntar para um milionário com sérios problemas de saúde se ele trocaria o seu dinheiro para ter saúde novamente, ele não pensaria duas vezes.

Dinheiro, carros, barcos, roupas caras, isso tudo se pode recuperar, mas uma vida perdida não tem como comprar.

Por isso, cultivar bons hábitos no decorrer da vida é fundamental. Isso não inibe a possibilidade de termos algumas doenças, mas diminui significativamente as chances de isso acontecer. Caso tenha alguma enfermidade, ter uma boa imunidade, uma rotina saudável, estar bem psicologicamente, tudo isso auxiliará você a ter uma provável recuperação.

Acabamos de ver um grande exemplo disso com a pandemia da covid-19: foram mais de seis milhões de mortes no mundo, e quem tinha uma boa saúde ou maior imunidade teve mais chance de passar por essa doença sem grandes impactos.

Mudar hábitos leva tempo. Eu sou o maior exemplo disso, demorei um pouco para de fato praticar esporte por prazer, mas com o tempo, o meu corpo foi se adaptando, e isso só acrescentou coisas positivas à minha vida.

Já ouviu falar da teoria dos 21 dias? Ela diz que as pessoas precisam de no mínimo 21 dias para se adaptar a um novo hábito. Lembrando que cada indivíduo é único, mas basicamente esse tempo é o mínimo para você começar a se adaptar a algo novo.

Que tal um desafio? Escolha algum hábito ruim para mudar por pelo menos 21 dias. Pode começar por fazer exercício físico, que pode ser realizado em casa, na academia, em um parque. Ou pode parar de fumar, ou de tomar refrigerante, diminuir o consumo de *fast-food* ou açúcar, enfim, algo que você sabe que faz mal, porém continua fazendo.

É tão claro que a nossa saúde condiciona nossa qualidade de vida. Se a saúde não vai bem, fica difícil trabalhar, cuidar dos filhos, curtir um relacionamento, a hora do lazer. Tudo muda quando você fica enfermo.

Certa vez foi perguntado a Dalai-Lama: "O que mais te surpreende na humanidade?". E a resposta foi: "Os homens me surpreendem. Os homens perdem a saúde para juntar dinheiro, depois perdem dinheiro para recuperar a saúde. E por pensarem ansiosamente no futuro, esquecem do presente de tal forma que acabam por não viver nem o presente nem o futuro, e vivem como se nunca fossem morrer e morrem como se nunca tivessem vivido".

A realidade é que o jovem de hoje será o idoso de amanhã, então na juventude é a hora de cuidar da sua saúde. Não pode ficar para depois, seu corpo é seu bem mais precioso.

Cuidar da sua mente e do seu corpo não é futilidade, mas sim prioridade. Seu corpo é seu lar, cuide bem dele.

Capítulo 12

REDE DE APOIO

"É preciso uma aldeia inteira para educar uma criança."

PROVÉRBIO AFRICANO

"Ser mãe é fácil, difícil é fazer isso enquanto cuida da casa, tem vida profissional, estuda, cuida da saúde, tenta manter uma vida social etc."

DENISE HERZER

Ser mãe é fácil, difícil é fazer isso enquanto cuida da casa, tem vida profissional, estuda, cuida da saúde, tenta manter uma vida social etc. Realmente é um combo que vai exigir muito, e fazer isso sozinha é no mínimo exaustivo, principalmente nos primeiros meses, quando muitas vezes acontece a privação do sono e a mãe passa pelas mudanças hormonais, sem contar o turbilhão de emoções e inseguranças.

Muito se fala em rede de apoio, já escutou esse termo? Essa expressão é muito utilizada na maternidade, e basicamente são pessoas que apoiam e dão suporte em momentos em que você precisa de ajuda ou para que tenha mais tempo para outras atividades. Elas podem ser pagas ou voluntárias. Pessoas que longe ou perto de alguma maneira se fazem presentes na vida da criança e dos pais.

Quando falamos em rede de apoio, muitos pensam em ter uma babá 24 horas ou ter alguma ajudante do lar, mas vai além disso. Rede de apoio pode ser algum familiar que estará disposto a ficar com seu filho algumas horas para você ir ao cinema, alguma amiga com quem você possa desabafar em momentos de estresse, um médico, um psicólogo, os tios que ficam um final de semana com seu filho para você descansar, uma prima que se prontifica a pegá-lo na escola no dia em que você precisa demorar um pouco mais no trabalho, uma babá, aquela avó que manda um potinho com feijão fresquinho para você não precisar fazer, uma prima que manda um lanche para a sua casa, pois sabe que você não teve tempo para preparar tal refeição, ou a própria escola, que é onde seu filho passa o dia, e assim é possível você realizar suas outras atividades.

Dividir as responsabilidades com o pai do seu filho também é um fator importante. Ele precisa e deve fazer parte de todas as responsabilidades que envolvem a criança – mas eu sei que muitos não estão dispostos a ajudar, pagam uma miséria de pensão e pensam que estão fazendo muito.

Eu sempre tive uma grande dificuldade em pedir ajuda e por muitas vezes me sacrifiquei querendo dar conta de tudo. Isso acabava gerando um desgaste enorme, mas na minha cabeça ficava aquela sensação de estar "atrapalhando", o que acabava me bloqueando para pedir ajuda, mesmo com algumas pessoas oferecendo essa ajuda.

Quando o Lorenzo nasceu, minha mãe, que morava em outra cidade, veio passar dez dias comigo, depois precisou ir embora.

Na mesma época, meu marido estava em uma fase do trabalho em que viajava bastante, e eu ficava em casa sozinha. Às vezes, eu ia dormir na minha sogra, mas a maioria do tempo eu optava por fazer tudo sozinha. Quando meu marido precisava viajar, era bem difícil: eu me alimentava mal, não dormia quase nada, chorava muitas vezes de tão esgotada que ficava. O Lorenzo chorava sem parar, acordava mais de oito vezes por noite e, consequentemente, na manhã seguinte, eu estava exausta e passava o dia me arrastando.

Só agora, que o meu filho está maior, me dei conta de que fazer tudo sozinha não vale a pena. Tenho consciência de que, se eu tivesse pedido ajuda, teria sido bem mais fácil. Hoje vejo que deixar meu filho algumas horas com outra pessoa para eu dormir, dar uma volta, fazer as tarefas de casa com calma e sair para jantar fora com meu marido, entre tantas outras coisas, não me fariam menos mãe. Muito pelo contrário, tornar-me--iam alguém melhor.

Não precisamos ser super-heroínas, precisamos estar bem física e emocionalmente, e se para isso acontecer é preciso pedir auxílio, tudo bem, faça isso.

Na maior parte do tempo, meu filho participa da nossa rotina, inclusive muitas vezes vai trabalhar comigo ou com o pai, ele ama isso, e nós não nos importamos, nos adaptamos a levá-lo conosco. Mas existem alguns momentos em que realmente não é possível, aí a rede de apoio entra em ação.

Hoje, conto com algumas pessoas. Tenho deixado meu filho uma vez por semana para dormir na casa da avó, para eu ter um tempo com meu marido, pois precisamos desse momento só do casal, que nos faz muito bem. Tenho minha irmã, que mora perto da minha casa e que sempre que eu tenho uma emergência me salva, ficando com o meu filho. Há os padrinhos, que sempre que preciso ficam com ele, outros tios e tias com quem sei que posso contar, e a escola que ele frequenta desde os 2 anos.

Outra rede de apoio que tenho é para o lado emocional. Tenho minhas irmãs, primas e amigas, com quem compartilho momentos de frustrações, momentos de alegrias, e que são pessoas com quem posso falar abertamente qualquer coisa sobre minha maternidade, pois sei que vão entender e me dar o apoio de que preciso. Sempre que podemos, nos reunimos, e na maioria das vezes os nossos filhos vão junto. Crianças brincam de um lado, e mães conversam, dão risada e espairecem um pouco do outro lado.

E tenho meu marido, que não me ajuda, mas sim divide comigo todas as necessidades do NOSSO filho – entendem a diferença? E ele não faz isso porque fico brigando, pedindo. Ele faz porque é um pai de verdade, que quer se fazer presente na vida de seu filho em todos os aspectos. Sou muito feliz por ter um marido tão parceiro, pois sei que muitas mulheres são mães solo ou mesmo casadas que não podem contar com o pai dos seus filhos.

Construir essa rede não é tão simples, pois acima de tudo precisamos confiar muito nas pessoas com quem vamos deixar nossos filhos, seja uma funcionária, uma escola ou algum familiar.

Há muitas mulheres que de fato não têm com quem contar: a família mora longe, não possuem muitos recursos financeiros para contratar uma ajudante e não podem contar com ninguém quando querem descansar, trabalhar ou quando têm algum compromisso a que não podem levar a criança. Quanto mais sozinha essa mãe for, mais ela precisa organizar a sua rotina, definir suas prioridades do dia e entender que tudo bem não dar conta de tudo.

Hoje em dia, existem muitos aplicativos que podem ser sua rede de apoio emocional, pois existem outras mães dispostas a conversar, trocar dicas, escutar suas dores e fazê-la perceber que tantas outras passam pela mesma situação.

Existem muitos apoiadores por aí, esteja aberta para pedir e aceitar essa ajuda.

Capítulo 13

INTELIGÊNCIA EMOCIONAL

"... capacidade de identificar os nossos próprios sentimentos e os dos outros, de nos motivarmos e de gerir bem as emoções dentro de nós e nos nossos relacionamentos."

DANIEL GOLEMAN

"Enquanto estivermos vivos, os problemas não vão deixar de existir, mas como você vai lidar com eles fará toda a diferença."

DENISE HERZER

Foi assim que Daniel Goleman, um conceituado psicólogo e jornalista, considerado o principal pesquisador contemporâneo dedicado a pesquisar o conceito de inteligência emocional, definiu inteligência emocional em 1998.

Em outro momento, durante uma entrevista para o 2º Congresso LIV Virtual, em 2020, ele foi convidado a falar com suas próprias palavras o que era para ele inteligência emocional, e sua explicação foi a seguinte: "Eu acho que a inteligência emocional quer dizer que somos inteligentes sobre nossas emoções. São quatro principais áreas. A primeira é o autoconhecimento, saber o que estamos sentindo, por que sentimos e como isso nos afeta. O próximo ponto é gerenciar as emoções, impulsionar as positivas, o entusiasmo, a energia para as metas, e minimizar as negativas, aquelas que nos perturbam, para que não interfiram naquilo que nós podemos fazer. Depois, há a empatia, reconhecer as emoções em outras pessoas. E (por fim) reunir tudo isso para termos uma boa relação entre pessoas".

Mas como é difícil não agir por impulso, controlar nossas emoções, não é mesmo? Já ouviu aquela frase "é melhor contar até 10", isso para dar tempo de tentar controlar o ato de agir por impulso, principalmente em momentos em que o sentimento está aflorado. Muitas atitudes não têm mais volta, uma palavra errada e um ato sem pensar podem trazer consequências desastrosas à vida de alguém. Quando nos deparamos com uma situação que mexe com o emocional, o corpo imediatamente reage.

Imagine que você está em um restaurante jantando com uma amiga, quando acontece uma explosão e começa a pegar fogo na cozinha, que por sinal é bem próxima à sua mesa. Em um instinto natural, você e sua amiga se levantam e saem correndo em direção à rua.

Quando acontece qualquer tipo de emoção, seu sistema computacional cerebral é acionado imediatamente, como um robô em ação.

Emoção é um "programa" no nosso cérebro que está ligado a todo o nosso corpo e que dá uma resposta imediata, levando nosso corpo a várias reações, como dilatação da pupila, boca seca, enviando mais sangue para lugares essenciais do corpo, liberando cortisol e adrenalina, hormônios que vão deixar você com uma frequência cardíaca mais intensa. Emoção é essa reação imediata, em questão de segundo, que não nos deixa perder tempo.

Não existe vida sem emoção: durante toda a sua trajetória, você sentirá medo, raiva, nojo, felicidade, angústia e tantas outras emoções. Elas podem ser despertadas durante uma discussão com o(a) parceiro(a), durante alguma situação humilhante no trabalho ou durante um acidente.

É muito importante que fique claro o que é emoção e como ela funciona em nosso corpo, para seguimos para uma segunda parte, que é entender um pouco melhor como funciona a inteligência emocional.

Para começar, entenda que existem duas funções importantes da inteligência emocional.

A primeira função é perceber como cada emoção ocorre dentro de você, é ter uma capacidade de avaliar seus sentimentos e o das outras pessoas com quem você convive.

A segunda função ocorre quando você passa a ter discernimento do que acontece, por exemplo, quando alguma situação afeta seu emocional, e você passa a entender como vai lidar com aquilo para poder viver melhor.

E, para conseguir isso, é necessário que você perceba como é seu perfil emocional, se você é calmo, agitado, explosivo. Entender como reage em situações de emoções afloradas.

Quando você entende como funcionam suas emoções, então chega o momento de reconhecer e ter consciência delas. No momento em que você passa a identificar, entender, utilizar e administrar as emoções de maneira eficiente e positiva, se pode dizer que está agindo com inteligência emocional.

Pilares da inteligência emocional

Existem cinco pilares da inteligência emocional, segundo Daniel Goleman:

1º – Conhecer as próprias emoções

Entender como você funciona em uma situação que gere estresse ou alguma situação de conquista, que gere uma forte emoção.

Quando acontece alguma situação que incomoda, por exemplo, você estava esperando uma promoção que acabou saindo para outra pessoa. Como você reage?

( ) Finge que está tudo bem, mas por dentro fica se torturando e sofrendo.

( ) Vai na mesma hora falar com seu/sua chefe para entender o motivo de não ter sido você.

( ) Explode na hora, grita com todo mundo e pede demissão.

Cada pessoa se comporta de uma maneira, e se fizermos essa pergunta para mil pessoas, teremos várias respostas e comportamentos diferentes para essa mesma situação. Por isso, precisamos saber como reagimos para poder gerenciar isso e não acabar sendo tão afetado.

Se você é a pessoa que explode na hora, grita com todo mundo e pede a conta, quais são as chances de você se arrepender depois? Uma pessoa que costuma ter esse comportamento, mas começa a ter inteligência emocional, na mesma hora que fica sabendo que não será promovido se afasta e tenta se acalmar e não explodir, para mais tarde conseguir ter um diálogo franco com sua/seu chefe.

Imagine que você está mais calmo, vai lá conversar e, para sua surpresa, descobre que não foi promovida porque tem uma vaga ainda melhor para você. Em uma possível atitude por impulso, você poderia ser mandada(o) embora até mesmo por justa causa, dependendo da situação, perdendo assim uma oportunidade de ser promovida(o). E se na pior das hipóteses sua/seu chefe lhe informasse que não tem nada melhor em vista para você na empresa, talvez você se desse conta de que era hora de tomar a iniciativa de se organizar para ir em busca de algo melhor, uma nova oportunidade fora dessa empresa.

Entender como você "funciona" talvez não mude seus instintos, mas faz você aprender a trabalhá-los na sua vida profissional, no seu relacionamento, com seus filhos, família, amigos, proporcionando-lhe assim uma vida mais tranquila.

Existem algumas técnicas que ajudam você a desenvolver sua inteligência emocional. Uma delas é fazer um diário no final do dia, escrevendo suas emoções, seu comportamento perante cada situação.

Meditar também pode auxiliar você, pois, além de dedicar um tempo para si mesma(o), também é possível trabalhar a respiração, que é um fator importante nos momentos de fortes emoções.

2º – Lidar com emoções

Só é possível gerenciar algo que você conhece, então, partindo do princípio de que você conseguiu entender como é o seu comportamento, chega o momento de trabalhar isso em si mesma(o).

Sabe aqueles dias em que você acorda muito cedo, se arruma, arruma o seu filho, deixa-o na escola e vai trabalhar? E ao chegar ao trabalho percebe que o dia não vai ser fácil, pois mal pisou no escritório e já recebeu de presente dez tipos de problemas para resolver? Ao chegar o horário do almoço, seu estômago está roncando de fome, mas está impossível sair, então pede um lanche que come enquanto vai tentando adiantar algumas coisas.

Depois desse dia exaustivo, ao chegar em casa, o filho está brincando com uma bola no meio da sala, a televisão está ligada com som alto, e sua cabeça, que já estava explodindo de dor, começa a piorar. Quando você vai pedir para seu filho parar de jogar bola dentro de casa porque pode quebrar algo, só escuta um barulho: não dá nem tempo de terminar a frase, e seu vaso está espatifado em mil pedaços no chão. Você, já se conhecendo, sabendo que está em um nível alto de estresse e que normalmente iria gritar muito com ele, afasta-se, respira, manda o menino tomar um banho enquanto limpa os cacos e tem tempo para se acalmar. Mais tarde, quando não está envolvida com o impulso da emoção, chama-o e conversa sobre o ocorrido. Então explica que ele não poderia estar jogando bola lá dentro, que agora um vaso que você gostava muito quebrou, que ele poderia ter se machucado com o vidro e que não quer que isso se repita.

Isso é não agir com a força da emoção, é respirar e pensar antes de agir. É não descontar toda a emoção de estresse que teve durante todo o dia em alguma situação, que foi o estopim.

3º – Motivar-se

O que move você a ponto de fazê-la(o) ser melhor a cada dia?

Já ouviu alguém falando "Eu sou assim, essa é minha personalidade"? Ok, se você é assim mesmo, tenho uma notícia para lhe dar: às vezes o preço por querer ser "assim mesmo" é caro. Óbvio que cada um tem sua personalidade, mas ninguém é obrigado a aguentar grosserias, pessoas que explodem o tempo todo. Não confunda falta de educação com personalidade forte.

O que vai acontecer é você perder oportunidades, perder companhias, bons momentos, porque a tendência é as pessoas se afastarem cada vez mais.

No ambiente corporativo, por exemplo, se sua personalidade for explosiva sempre, infelizmente, vão acabar mandando você embora e o substituindo.

Se você tem um negócio e atende um cliente de maneira explosiva, dando respostas ríspidas quando ele tiver uma dúvida, provavelmente ele vai procurar outro que venda ou preste o mesmo serviço que você.

Então, ou você começa a se motivar e mudar seu comportamento no trabalho ou provavelmente vai ficar sem ele ou criar um ambiente extremamente nocivo para você e para quem precisa trabalhar com você.

E como me motivo? Uma das maneiras é criar motivos na sua cabeça para:

- Pagar o aluguel.

- Pagar uma viagem.

- Aproveitar uma promoção que almeja.

Outra maneira para melhorar uma habilidade de automotivação é começar a pensar mais positivamente. Comece a condicionar seu cérebro a pensar da seguinte maneira: seus fracassos são resultados de algo que você mesmo pode mudar. Isso fará você não desistir tão facilmente dos seus objetivos, pois entenderá que conquistar algo depende muito mais de você do que dos outros.

Já quem atribuiu os seus fracassos a alguma deficiência pessoal – por exemplo "Sou tímido e vou morrer assim", "Não tenho o dom das palavras e não vou conseguir mudar isso" ou o exemplo que citei anteriormente, "Eu sou assim, essa é minha personalidade" – é mais propenso a desistir no primeiro obstáculo, pois já se convenceu de que não tem muito o que fazer, pois "é assim mesmo".

Por isso, evite ao máximo essa linha de raciocínio, pois sempre é possível desenvolver suas habilidades.

Em um relacionamento é a mesma coisa: se você é extremamente ciumenta(o), por exemplo, e não consegue controlar isso, sua vida conjugal vai ser baseada em estresse, brigas, choros, insegurança.

Como me motivo a mudar? Pensando no bem-estar da sua relação. Se tem algo que causa insegurança em você, converse com seu parceiro, coloque para fora, fale com uma amiga, procure um(a) psicólogo(a), busque ajuda. Lembre-se de que nada que tire sua paz vale a pena, e um relacionamento sem confiança não é saudável.

É importante repensar.

Quando existe algo que motiva você, é mais fácil ter autocontrole.

4º – Empatia

No Dicionário Aurélio, o significado de empatia é:

> "A capacidade psicológica para se identificar com o eu do outro, conseguindo sentir o mesmo que esse nas situações e circunstâncias por esse outro vivenciadas. Ato de se colocar no lugar do outro".

Atualmente essa palavra está em alta. As pessoas amam postar, nas suas redes sociais, frases impactantes sobre a importância da empatia, mas será que no seu cotidiano, por trás da tela de um celular as pessoas estão de fato tendo empatia pelo próximo?

Quantas vezes você já se pegou julgando ou apontando o dedo para alguém? E pensando "Não acredito que ela está se comportando assim", "Acho que não vai dar certo dessa maneira", "O corpo dela não está bonito", "Não gostei da maneira que ela cortou o cabelo", "Se fosse você, eu não faria isso". Apenas é preciso entender: não é você, não é sua vida.

Na maternidade, vivenciamos muito isso, muito julgamento, pessoas querendo dizer como você deve criar, alimentar, educar, direcionar seu filho. E sabe por que muita gente faz isso? Porque é fácil opinar quando estamos fora de uma situação, quando não envolve emoção, quando não sabemos o que está passando na vida da outra pessoa.

Como vou apontar o dedo para alguém que eu não sei o caminho que percorreu até chegar ali? Cada pessoa tem sua rotina, suas crenças, seus medos, seus anseios, então, se você acredita que na mesma situação faria diferente do outro, tudo bem, mas é preciso respeitar a decisão de cada pessoa. Antes de chegar e criticar, comece a se colocar no lugar da outra pessoa. Isso vai lhe trazer um bom convívio em seus relacionamentos.

Sempre pense: "como eu gostaria de ser tratado se estivesse no lugar dessa pessoa, nessa situação?". Empatia é você entender todo o contexto que existe por trás, é perceber o motivo que fez a pessoa agir daquela maneira, o que despertou tal ação.

5º – Lidar com relacionamentos

E, finalizando os cinco pilares, vamos conversar sobre como você lida com os seus relacionamentos.

Desde quando nascemos, até o nosso último dia de vida, iremos nos relacionar com pessoas. Teremos relacionamentos amorosos, de amizades, relacionamentos profissionais, familiares, com o atendente da panificadora, aonde vamos diariamente, com o médico que nos atende, enfim... A não ser que você se isole em uma ilha deserta, terá que se relacionar com outras pessoas, e isso é fato.

Você já parou para analisar como têm sido as suas relações?

Umas das habilidades construídas com a inteligência emocional é a possibilidade de construir relacionamentos mais saudáveis e positivos, em que você seja capaz de transitar em diversos grupos, e isso irá melhorar a sua qualidade de vida significativamente. Ao desenvolver a inteligência emocional, você aprende a olhar com mais atenção o sentimento do outro, a entender como é o perfil emocional da outra pessoa, como ela se comporta. E, com essas informações, você aprende a "lidar" com essa pessoa e, consequentemente, vai conseguir guiar as emoções dos outros.

Outro ponto importante é que você também passa a entender que muitas vezes o melhor a fazer é se distanciar de alguns que a(o) cercam.

Esses cinco pilares são como um ciclo, onde um complementa o outro. Você inicia com uma análise interna, para aprender a conhecer suas próprias emoções. Quando você as entende, automaticamente passa a lidar com elas de uma maneira melhor. Esse autoconhecimento facilita a se ter clareza nos seus objetivos de vida, o que a(o) motiva. E só depois disso é que chega a hora de entender a emoção do outro, ter empatia por ele. E, com a empatia, você aprende a ter relacionamentos saudáveis.

Inteligência emocional é algo transformador, pois suas emoções afetam diretamente seu bem-estar, sua rotina, sua vida.

Vivemos sob pressões diárias no trabalho, relacionamento, rotina dos filhos, família, problemas, conciliar vida pessoal com vida profissional, contas para pagar, trânsito estressante. Assim, trazer esses pilares da inteligência emocional para sua vida vai ajudar você a lidar da melhor maneira com tudo, com diversos pontos positivos como:

- Desvio de discussões
- Aumento da autoconfiança

- Melhora da sua produtividade
- Diminuição do seu nível de estresse
- Mais qualidade de vida
- Menos ansiedade
- Maior capacidade de resolver conflitos
- Desenvolvimento da capacidade de empatia
- Aprimoramento de relacionamentos

Enquanto estivermos vivos, os problemas não vão deixar de existir, mas como você vai lidar com eles fará toda a diferença. Use as emoções, suas e dos outros, a seu favor.

Capítulo 14

TEMPO DE QUALIDADE

"O tempo é umas das coisas mais preciosas que temos. O que desperdiçamos não há como recuperar, então usá-lo da melhor maneira possível é a melhor coisa que podemos fazer por nós mesmos."

DENISE HERZER

Eu não posso e nem vou lhe prometer uma vida menos atribulada, e, para falar a verdade, tenho a convicção de que quanto mais tempo vai passando, mais coisas vão aparecendo para fazermos. Talvez, quando chegarmos à aposentadoria, o ritmo seja mais leve.

No entanto, o que eu posso lhe garantir é que, com mudanças nas atitudes e com as ferramentas adequadas, você passará a ter mais tempo de qualidade no seu trabalho, com sua família, para realizar suas atividades, para o lazer.

Existem pessoas que ficam o dia todo com o filho, mas não é um tempo de qualidade, pois cada um fica em um canto, nem conversam direito.

Tempo de qualidade é estar com a pessoa sem interferência, prestando atenção no outro.

Há coisa mais desagradável do que estar conversando com uma pessoa e ela não olhar para você? Ficar só no celular, por exemplo?

No trabalho é a mesma coisa: sem uma boa administração do seu tempo, você perde minutos importantes, desgasta sua energia com coisas desnecessárias, não consegue focar em coisa alguma e começa a não concluir demandas importantes. No final do dia, vai embora desgastada.

O tempo é umas das coisas mais preciosas que temos. O que desperdiçamos, não há como recuperar, então usá-lo da melhor maneira possível é a melhor coisa que podemos fazer por nós mesmos.

Se você tem consciência de que não está fazendo uma boa gestão do seu tempo, é preciso mudar. E o fato é que, para ter uma vida diferente no futuro, é preciso que ocorra uma mudança no presente, é preciso viver uma transformação. É por isso que a cada capítulo deste livro eu trouxe facilitadores para que essa mudança possa ocorrer. É preciso, sim, mudar hábitos como os vários que eu citei, desde o autocuidado, parar de procrastinar, descobrir seu propósito, o que faz você acordar todos os dias, desenvolver sua inteligência emocional, buscar uma rede de apoio, aprender a dizer não, saber priorizar, porque essas mudanças vão lhe trazer a possibilidade de uma vida com mais qualidade.

Evoluir na vida exige dedicação, muitas vezes dói, traz sofrimento e não vai acontecer do dia para a noite, é uma transformação que precisa acontecer de dentro para fora, um dia de cada vez.

Qual foi a última vez que você desejou algo de verdade? Que você olhou para si mesma(o) e viu que não era mais feliz daquela maneira, que percebeu que a vida já não fazia tanto sentido, que a rotina era pesada, que desejou mudar para conquistar uma vida melhor?

Eu mostrei o caminho a ser percorrido, ensinei ferramentas que você pode utilizar, como o *planner* para organizar seus dias, a Roda da Vida para entender melhor como está cuidando dos âmbitos da sua vida, ensinei-a(o) como funciona a Matriz de Eisenhower para você poder definir suas prioridades, deixei algumas perguntas para você começar a buscar seu autoconhecimento e poder desenvolver sua inteligência emocional, mas eu não posso fazer isso por você, pois a vida é sua.

Daqui para frente, você precisa realmente desejar essa transformação, pois é isso que vai motivá-la(o) a seguir um caminho novo, que vai levá-la(o) a um lugar onde terá autoconhecimento e sucessivamente a(o) capacitará a retomar o controle da sua vida.

Isso significa ter liberdade de poder fazer o que quiser, de ter tempo com sua família, de terminar um trabalho no prazo, de não precisar ficar em pânico quando acontecem imprevistos. E ter paz em meio à correria de uma vida cheia de compromissos, é conseguir tornar seus dias mais produtivos e tirar das costas o peso de se sentir destruída e frustrada com uma rotina mal planejada.

A gestão do tempo diminui as surpresas negativas no seu dia a dia, mas você é quem precisa dominar seu tempo, e não o contrário.

Capítulo 15

DIZEM QUE ANTES DE MORRER É PRECISO: PLANTAR UMA ÁRVORE, TER UM FILHO E ESCREVER UM LIVRO. SERÁ?

"Cuide de si com todo amor, fortaleça-se cada vez mais, tenha orgulho do caminho que percorreu e da mulher que se tornou, porque, caso alguém ou algo tente tirar seu chão, se estiver fortalecida, será mais fácil se manter em pé."

DENISE HERZER

Depois de mais de um ano dedicando meus dias a escrever este livro, enfim chego ao último capítulo.

Ah, minhas amigas (acho que depois desta jornada juntas, já posso chamá-las assim, não é?), que misto de sentimentos está no meu coração neste momento!

Aqui, compartilhei e estou entregando não apenas meu conhecimento, mas anos de estudos, minhas memórias mais íntimas, minhas ideias, minhas frustrações, muitos dias de pesquisas e de leitura, tudo de melhor que eu tinha para entregar em um material que tivesse o poder de ajudar você a transformar sua rotina caótica em dias mais tranquilos.

Eu sempre escutei a seguinte frase: "Existem três coisas que uma pessoa deve fazer durante a vida: plantar uma árvore, ter um filho e escrever um livro". E por muitas vezes eu me peguei pensando: "Eu quero fazer essas três coisas no decorrer da minha vida". Não acredito que uma pessoa só será completa realizando esses três feitos, mas confesso que hoje, ao perceber que realizei os três, isso faz que eu me sinta muito realizada como ser humano, pois cada uma dessas três realizações tem um significado importantíssimo na minha vida.

Quando eu plantei a primeira árvore, foi de uma maneira inesperada – eu ainda não tinha lido essa frase, inclusive eu nem sabia ler direito, tinha apenas 6 anos. Lembro-me do meu pai chegando em casa, depois de um dia de trabalho, com três mudas de árvores, chamou minhas duas irmãs (a caçula ainda não tinha nascido) e eu, e juntos plantamos as três árvores em frente à nossa casa. Ele falou que, assim como elas, iríamos crescer lindas e fortes. Sempre íamos lá na frente de casa para regar essas plantas e ver o quanto cresceram.

Alguns anos depois, meu pai faleceu, e esse ato de plantar a árvore ganhou um significado muito grande em minha vida, na minha memória afetiva.

E, toda vez que planto uma, é como se eu voltasse àquele dia, àquele momento tão especial com meu pai e minhas irmãs. É uma boa memória que guardo em meu coração.

Já a maternidade foi muito planejada e desejada. Sempre sonhei com esse momento, era algo que eu desejava muito. Eu só não fui mãe antes porque queria concluir meu curso superior, então sempre falava que assim que concluísse iria tentar engravidar.

No início de novembro, conversei com meu marido, disse que iria parar de tomar remédio, pois já estava entrando no último mês da faculdade. Ele ainda estava inseguro com a ideia de ser pai, mas, como sabia que eu desejava muito isso, concordou. Imaginei que após parar de tomar o anticoncepcional iria demorar para engravidar, pois eu tomava esse remédio há muitos anos e sempre ouvi dizer que nesses casos demora (Fonte: Vozes da Minha Cabeça).

Pois bem, no mês seguinte, eu fui viajar para a casa da minha mãe e, teoricamente, nesse dia em que fui, era para eu menstruar. Cheguei lá e nada. No dia seguinte, também nada. Chegou o dia de ir embora, e ainda não havia menstruado, então decidi parar em uma farmácia para comprar um teste de gravidez. Cheguei tarde em casa, e o teste precisava ser feito pela manhã, com a primeira urina, então tive que controlar minha ansiedade e esperar para fazer. Às 5h eu acordei – na verdade, a ansiedade era tão grande que mal consegui dormir – e lá fui eu fazer o bendito teste. Foram os minutos mais demorados da minha vida, e quando olhei, começou a surgir um risquinho bem fraquinho: era o resultado positivo, eu estava gerando uma vida. Eu não consegui ter reação alguma, simplesmente voltei a dormir. Depois, acordei novamente, mas não falei para meu marido, estava sem saber como contar.

Saímos para resolver umas coisas – uma delas era ir ao banco – e na fila eu falei: "Amor, acho que eu estou grávida". Exatamente dessa maneira, sem graça e sem emoção, porque na verdade eu ainda estava sem acreditar. Meu marido achou que era brincadeira, ainda mais pela maneira que contei.

Foi então que resolvi agendar um exame de sangue e uma ecografia. Foi aí que a "ficha caiu" – sim, eu sei, estou entregando a idade com esse ditado popular – mas só depois disso realmente começamos a curtir minha gravidez. Meu marido me acompanhou em cada consulta, em cada compra de enxoval, na montagem do quartinho. Foi tudo como eu sempre sonhei.

Eu estava feliz profissionalmente, realizada por ter acabado de comprar um apartamento com meu marido, estava feliz no relacionamento e, no dia 9 de agosto de 2014, quando o Lorenzo chegou a este mundo, eu realizei um dos sonhos mais lindos, o de ser mãe, e minha vida ficou ainda mais completa.

Ser mãe me ensinou muito, me fez evoluir como mulher e profissional e despertou em mim a vontade de ajudar outras mães, e escrever este livro é fruto desse meu amadurecimento.

Por algum tempo, fiquei pensando na MINHA árvore, no MEU filho, no MEU livro, e então me dei conta de que não é nada meu, é tudo do MUNDO. Sim, fazemos tantas coisas achando que é para a gente, e um dia nos damos conta de que é para o mundo, que nada é nosso.

A árvore que plantei há tantos anos na frente da calçada da nossa casa vai contribuir para o meio ambiente e para deixar a rua mais bonita.

Meu filho, eu ensino a respeitar as pessoas, a ter empatia pelo próximo, a ser dedicado com suas coisas, a dar sempre o seu melhor, para que se torne um cidadão de bem para o mundo.

E este livro servirá para ajudar muitas mães na sua constante evolução em busca de uma vida com mais qualidade.

Você não precisa plantar uma árvore, ter um filho ou escrever um livro para ser completa(o) ou feliz, você que vai decidir qual será o seu legado, o que faz sentido para si mesma(o) deixar de memória para o mundo.

Há gente que deixa seus gestos de bondade, existem pessoas que deixam lembranças de como acolhia as pessoas com amor, outras com projetos sociais, algumas com sua arte, suas músicas, outras com conhecimentos em forma de livro, alguns ensinamentos. Um legado é muito além de ficar milionário e ter uma herança para deixar, é algo intangível, é contribuir para um bem social, pessoal, ou profissional, é sobre cumprir sua missão.

Às vezes, queremos muito algo, mas o medo de fracassar, de dar errado e os outros falarem "Viu, eu sabia que você não era capaz" vai minando e diminuindo-a(o) tanto, que chega a um ponto em que você realmente se sente inferior, sem capacidade.

Eu já assisti algumas vezes ao filme *À procura da felicidade*, que é um longa-metragem baseado na história de Chris Gardner, um homem que mesmo em meio a tantos desafios e sofrimentos não desiste do seu sonho de uma vida melhor para ele e seu filho. E há uma cena muito marcante, em que o personagem do ator Will Smith fala para seu filho, após brigar com ele e se dar conta do que fez: "Nunca deixe que alguém te diga que você não pode fazer algo. Nem mesmo eu, se você tem um sonho, tem que protegê-lo. As pessoas que não podem fazer por si mesmas dirão que você não consegue. Se quer alguma coisa, vá e lute por ela". E é sobre isso, sobre fazer algo que deixe você realizada(o), que a(o) complete, e não parar no meio do caminho por medo do que vão pensar ou falar a seu respeito.

Às vezes, pessoas da própria família nos colocam para baixo, e precisamos aprender a lidar com isso, a seguir em frente mesmo sem o apoio que gostaríamos de ter.

Um ano tem 365 dias, 8.760 horas, 525.600 minutos, 31.622.400 segundos – esse tempo vai passar de qualquer maneira, e cabe a você usar da melhor forma.

Reflita um pouco: como tem levado a sua vida? Como tem sido seus dias? E, se hoje você morresse, sua passagem por aqui teria sido a que você gostaria? Cabe a você buscar diariamente viver bem e ter qualidade de vida.

Sei que há dias em que é difícil sair da cama, em que os problemas não param de chegar, que se sente falha. Mas **isso é apenas um dia ruim, vai passar**.

Cuide de si com todo amor, fortaleça-se cada vez mais, tenha orgulho do caminho que percorreu e da mulher que se tornou, porque, caso alguém ou algo tente tirar seu chão, se estiver fortalecida, será mais fácil se manter em pé. Sempre que for preciso tirar um tempo para si mesma(o), assim o faça. Chore quando sentir vontade, fale com Deus se isso a(o) acalma, medite em meio à natureza, extravase escutando sua música preferida alta. Você não precisa ser forte o tempo todo. Sei que muitas vezes nos questionamos, ficamos sofrendo, pensando no que pensam a nosso respeito, mas saiba que você não precisa provar coisa alguma. E não dar conta de tudo às vezes faz parte, nem todo dia são flores, nem sempre você vai acertar ou as coisas vão sair como você gostaria, e isso não a(o) torna fraca(o), apenas humana(o), igual a todos os outros.

Então tome um bom banho, coma algo que goste, assista a um filme ou leia um livro para se distrair, depois coloque a cabeça no travesseiro e descanse. Amanhã será um novo dia, e tudo ficará mais claro.

Agora já é madrugada, meu filho e meu marido já estão dormindo, e eu sigo aqui escrevendo as últimas palavras deste livro. Despeço-me com um até breve, pois ainda quero ter a oportunidade de me comunicar com vocês nas redes sociais, cursos, pessoalmente ou, talvez, em um próximo livro!

Imaginar que você chegou ao final deste livro já me faz sentir aquela sensação boa de missão cumprida, pois tenho certeza de que algo bom você tirou daqui e vai levar para sua vida.

Nos dias difíceis, lembre-se:

RESPIRA, PLANEJA e NÃO PIRA!
Garanta a sua sanidade mental e emocional.

Fim